美容室経営ドリル

南 直人
[Leaf]

JOSEI MODE

はじめに

はじめまして。南 直人と申します。
この本を読んでいるということは、あなたが、何らかの理由で自分のサロン経営に満足していないか、独立開業前の方も含め、経営者としての将来に不安を持っているかであり、何か経営のヒントが欲しい、現状をどうにかしたい、と感じているのだと思います。

僕も少し前までは、同じでした。いや、もっとひどい状況でした。頼りなくて情けないダメ経営者だったのです。

……あ、僕が何者かという紹介がまだでしたね。

埼玉県にある武蔵浦和という駅の近くで、白髪染めと縮毛矯正専門の完全予約制美容室・Leafを経営しています。約30坪で、席数は7。スタッフの半数以上を占めるパートさんは、原則、週3日を交代で出勤するという体制です。
営業開始は午前9時。最終受付は、カットが午後4時、ヘアカラーは午後3時、縮毛矯正は午後2時としており、パートさんは、午後4時以降に担当するお客さまがいなければ、即帰宅してOK。午後5時には完全に営業を終了しています。これは、パートさんが、保育園に預けた子どもを午後5時までには迎えに行けるように、という思いから始めた営業形態です。
このように、Leafでは、「白髪染め・縮毛矯正専門店」という特徴を打ち出して大勢のお客さまから支持されるのと同時に、「子育て中の女性美容師が、充実したプライベートと仕事を両立できる、働きやすいサロン」とすることで、スタッフも定着。スタッフ１人当たり１時間8,000円を売り上げる繁盛サロンとなっています。

しかし、最初に述べた通り、以前はどうしようもない経営者でした。2008年、知り合いの美容室オーナーがお店を閉じると聞き、居抜きで店舗を買い取り、賃貸契約を引き取ったのが、独立のきっかけ。技術が良ければ絶対にお客さまは来るはず！　という思いとは裏腹に、お店は閑古鳥が鳴くばかり。スタッフは暇を持て余していました。集客さえできたらスタッフのモチベーションも上がると考え、いろんな宣伝媒体を試しましたが、効果は出ず、たまに新規客が来店しても、8割の方はそれっきり。スタッフが辞めていくたびに、自分の力のなさを思い知らされました。
当然、経営は赤字続き。毎月の広告宣伝費も、妻が家計を何とかやりくりしていたから支払えていました。息子が大好きな仮面ライダーのベルトをプレゼントするのさえやっとで、本当にきつくて、お尻に火が付くどころか、すでに「大やけど」の状態。なのに、そのやけどをどう治療したらいいのかも全く分かりません。「誰か、代わりにお店をやってくれたらいいのに。お店を閉めたら、どれだけ楽だろう」なんて考える毎日。ストレスで胃酸が逆流して、トイレでおえつすることもありました。支持してくれるお客さまと大切な家族がいたから、ぎりぎり踏みとどまっていただけで、本当にダメダメ経営者だったのです。

そんな僕が、今では本業である美容業の他、昔の僕のような悩みを抱えているサロン経営者へのコンサルタント業や、美容商材開発業も手掛け、おかげさまでどの仕事も順調です。そして、このように本も出すことにもなりました。

ここまで来るのに、僕はあることをしたんです。

何をしたかって？　その「したこと」をクイズ感覚で身に付けてもらえたら、と考えたのが、この『美容室経営ドリル』です。ただし、計算ドリルとは違って、このドリルには絶対的な正解がありません。僕の考えた模範解答も載せていますが、実は答えがないものもあるでしょう。僕の望みは、絶対不変の答えを見つけることではなく、このドリルを通じて、経営者として何をすればいいかを考え、黒字に転換させていく、「経営者の脳みそ」を鍛えてほしい、というものです。

このドリルは7日間で解き終えることを想定していますが、もっと早く終わらせても、逆に、もっとじっくり考えてもOKです。ドリルを解き終えるころには、経営者としての脳みそが鍛えられて、赤字脱出どころか、地域で一番のサロンをつくれるようにもなると思います。

さあ、始めましょう！！

contents

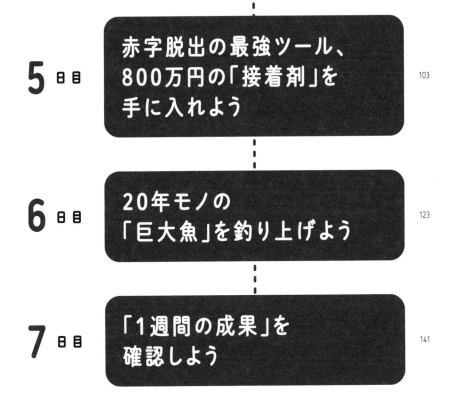

登場人物

コウジ

独立5年目の35歳。スタッフ2人。最初の3年は順調だったけれど、昨年は売上が伸び悩み、赤字に転落。でも、どうしたら経営を立て直せるか分からず、今年はもっと赤字が増えるのでは……と戦々恐々の毎日。

アイコ

独立して半年の30歳。スタッフ1人。お客さまも徐々に定着し、先月は初めての黒字に。でも、正直なところ、日々のサロンワークをこなすのに精いっぱいで、経営者としてこれでいいのだろうか、と疑問も……。

南 直人

この本の先生役。ダメ経営者だった時代のいろんな失敗と、その後経営を立て直した経験をもとに、2人を指南する。美容師なのにつるつるの頭が特徴で、一部では「クリリン南」と言われているらしい。

1日目

500万円の価値を持つ「あるモノ」を手に入れよう

お金の面だけで見れば赤字のサロンでも、
実はとんでもないお宝をたくさん抱えており、
うまく活用することで、黒字に転換することができます。
まずは、その1つ目のお宝を探していきましょう。

まずは何から始めたらいいのだろう？

南さん、「美容室経営を立て直す」って言いますけれど、そのためにはまず何をすればいいんでしょうか？

私は開業したばかりで、ようやく黒字に転換できたところですが、もしまた赤字になったら……と思うと、不安が大きくて。赤字に落ち込んだとしても、黒字に復帰するにはどうしたらいいかは、ぜひ知っておきたいことです。

そうですよね。いい質問です。では、このことを第0問として考えていきましょう。

問0

美容室経営を立て直すために、
あなたはまず何をすればいいと思いますか?
難しく考えなくて大丈夫。
何しろ書く枠はこんなに小さいのですから。

答:

コウジさんは何だと思いますか？

えーと……、えーっ……、ビジネス書を読むとか？

はい、大正解です！

(えー……、正解なんだ……)

正確には**「経営の勉強をする」**ですけれどね。

そんな答えでいいんですか？

いいんです。もう一度言います。**「経営の勉強をする」**です。

何だか当たり前というか……、ホント当たり前すぎますよね？

いいえ、サロンの経営者にとっては、全く当たり前じゃありません！

(これ、いろんなところから怒られるんじゃ……)

というのも、**私自身が全く経営の勉強しないまま経営者になり、そしてお店を潰しかけたからです。**

え、どういうこと！？

美容師って、独立する分には簡単なんです。知り合いの美容師を誘えばオープニングスタッフを雇用できるし、何なら１人でも始められます。お客さんがそこそこついているから、独立すれば取りあえずは毎日の売上も確保できますしね。経営の勉強なんて何にもしなくても、最初は何とかなります。

まあ、そういうところはありますよね。

でも、きちんと経営の勉強をしていないから、経営で何かちょっとしたつまずきがあると、立て直せない。値引きクーポンとか無料サービスとか、対症療法とも言えないような、行き当たりばったりな施策を繰り返しては失敗して、経営者もイライラをスタッフにぶつけてスタッフが辞めていったりね。
あ、これ全部**私が**経験したことです。

（そんな自信満々に言うこと……？）

そんな私が立ち直り、また、よそ様にこうやって「経営とは…」なんて本を出すことになったのも、全部**経営の勉強をしたから**です。大事なことなので３回言いました。

３回聞きました。

というか、さっきも言った通り、ほとんどのサロンの経営者は、経営の勉強なんてしていませんし、ビジネス書も読みません。だから、**あなたが経営の勉強をきちんとする、たったそれだけで、もうものすごいアドバンテージを獲得できるんです。勝ったも同然ですね、ガハハ！**

（やっぱり方々から怒られそう……）

で、これが大事なことですが、この本はビジネス書です。なので、コウジさんもアイコさんも、今この本を読んでいるあなたも、ライバル店と比較して、早くも大きなアドバンテージを獲得しているんですね。

なるほど、そうなのかも。……では改めて、経営を立て直すために、最初に何の勉強に取り組んだらいいんでしょうか？

はい、これもいい質問です。その答えは、僕が経営の勉強として一番最初に始めたことなんですが、何だと思いますか？　それが問１です。

✂ 問1

美容室経営を立て直すために、お金も人脈もコネも身長もなく、暇な時間とスタッフへの憎しみだけは持っていた当時の僕が、まず始めたことは何でしょうか？
ヒントは、「こんな僕にも支持してくれているお客さまがいた」ことです。

答：

アイコさんは何だと思いますか？

うーん、「支持してくれるお客さまがいた」ということだから、お客さまを紹介してもらうための勉強とか？

はい残念！　**不真面目な赤字サロンに、大事な友人を紹介してくれるお客さまなんているわけないじゃないですか！**

（なぜ逆ギレ……）

正解は**お客さまの声を集めること**です。

声を集める？

はい。その証拠に、コウジさんが普段、Amaz〇nとか食べ〇グなどを見るとき、売り手が書いた商品やサービスの概要を読むだけでなく、口コミも見ていませんか？

ええ、まあ確かに。でも、Amaz〇nや食べ〇グの口コミは、ちょっと怪しげな感じがして、あまり参考にしていませんよ？

当たり前です！　あんなものはやらせやステマの温床です！　何の参考にもなりません！！

（絶対方々から怒られるやつだ……）

「お客さまの声」の価値はおいくら？

それはともかく、サロンに今いるお客さまから集めた声は、やらせでもステマでもなく、**サロンのことを本当に気に入っているお客さまの、本当の生の声**です。だから、その声を外部に発信すれば、同じ施術やサービスを探している潜在顧客に響きやすいんです。

なるほど、確かにそうですね。

そこで、ちょっと計算してみましょう。もし、集めたお客さまの声を発信し、今後20年間、年6回来店し、そのたびに1万円支払ってくださるお客さまを2人獲得できたとします。この場合、お客さまの声はいくらの売上アップに貢献してくれたでしょうか？

問2

毎回□万円×年□回×今後□年×獲得できたお客さま□人＝□万円

□に数字を入れていくと…。

はい、正解は、**毎回1万円×年6回×今後20年×獲得できたお客さま2人＝240万円**です。なんと、**お客さまの声には240万円の価値がある**んです。

そんなに!?

もちろん、計算上でのことですが、たった2人が顧客になるだけでも、これだけの効果が見込めるんです。具体的に、どう発信していったらいいのかは、後日に考えていくので、楽しみにしていてください。

はい、楽しみにします！

あ、そうそう、大事なことを言い忘れていました。お客さまから声を集めるときは、一緒に**「広告などに使っていいか」「広告に実名を掲載していいか」「ビフォー・アフターのスタイル写真を掲載していいか」**を確認してください。発信する際、実名＆ビフォー・アフターの写真掲載がOKなら、その声はより説得力を持ちます。

なるほど。忘れず確認します。

また、お客さまの声の効果は、それだけにとどまりません。

えっ？

お客さまの声は、サロンのサービス改善にも役立てることができます。よく、レストランなどで「お客さまの声をお聞かせください」なんてアンケート用紙が置いてありますね。あれと同じように、お客さまに「サロンのどんなところを気に入っていますか？」とか「提供しているサービスで気に入っているものを教えてください」なんて質問をして、お客さまに好評なサービスとその特徴を洗い出し、さらに洗練させていくのです。

あ、いいですね。お客さまの声、聞いてみたい。

ですよねー。で、例えば、お客さまの声を元にサービスを洗練させることで、客単価が1,000円上がるとしましょうか。毎月の客数は100人としましょう。また、その優位性は24ヵ月間（2年間）保てるとします。

優位性とは？

同じサービスを提供しているだけでは、だんだんマンネリ化・陳腐化していきますが、マンネリ化・陳腐化するまでは客単価を高く設定できるので、この期間を「優位性を保てる期間」としています。24ヵ月間というのはちょっと厳しめですが、サービスは常に洗練させていかないといけませんからね。

確かに、私が客だとしても飽きちゃいますね。

では、これもいくらの売上アップに貢献してくれたか計算してください。

問3

平均客単価アップ□円×毎月の客数□人×□ヵ月＝□万円

1,000円×100人×24ヵ月＝……。

はい、**売上は240万円アップ**しますね。

うわー！

ということは、もし、お客さまの声を、新規顧客獲得とサービス改善の両方に使ったならば、売上はいくらアップしますか？

問4

顧客獲得による売上アップ［　　］万円＋サービス改善・洗練による売上アップ［　　］万円＝［　　］万円

240万円＋240万円＝480万円！

大正解！　**つまり、お客さま1人の声は、500万円近い価値があるんです。**

貴重な声、買い取りましょう！

では、こんな貴重なお客さまの声、アイコさんならいくらまでお礼を出せますか？

100万円ぐらいお礼をしてもいいぐらいです！

……さすがにそれは高すぎですが、例えばこれを「広告宣伝費」

と考えたらどうでしょう？

広告宣伝費は、売上のだいたい1～5%が相場といわれますね。

では、仮に2%として、計算してみましょう。

問5

お客さまの声の価値［　　］万円
×売上に対する広告宣伝費率［　］%
＝広告宣伝費として出せる価格［　　］円

480万円×2%＝9万6,000円！

そうです。つまり、広告業者に10万円支払うなら、そのお金をそのままヒアリングのお礼として渡してもいいぐらいのものなのです。なお本当は、広告を打たなくても来店するお客さまの売上も含めて「広告宣伝費の2%」ですから、金額はもっと上がるのですが、まあここではそこまで考えなくてもいいでしょう。とはいえ、10万円でも支払いすぎですし、現金をお渡ししたら、お客さまもびっくりしてしまいます。ですから、例えば**「普段のお礼をしつつ、お店についていろいろ話を伺いたい」などという名目で、ちょっといいレストランに招待し、その場でヒアリングをしてしまう**というのがスマートかもしれませんね。

なるほど。ではさっそくお客さまをレストランにご案内しまくって、話を聞きまくっちゃいます！

(単に自分が食事したいだけなんだろうな……)

コウジさん、ヒアリング場所は別にレストランでなくてもいいんですよ。レストランではかえって堅苦しくて、という方もいるでしょうし。お客さまがリラックスして本音を話せる場所を、これもお客さまに直接尋ねて決めるといいと思います。

えーっ、会議費扱いでおいしいもの食べまくれると思ったのに。

(本音だだ漏れすぎだろ……)

ヒアリングのために使うお金は5,000円から、高くても1万円まででよいでしょう。

5,000円でも十分ですよね。

そして……、お客さまの声は、実はもう一つ、「いいこと」があるんです。それはさて、何でしょうか？

問6

お客さまの声を聞くことで起こる「いいこと」とは何でしょうか？　ヒントは「○○が上がる」です。「お客さまの声を聞いたら、自分はどう思うか」を想像すれば、それが答えです。

答：

[　　　　]が上がる。

分かりました！　**「やる気」が上がる！**

その通り！　「こんなふがいないお店なのに、こんないいところを見て、気に入ってくれているんだ」と感動し、やる気が上がるんです。それが赤字経営脱出のモチベーションとなります。ですから、必ず**お客さまの声を聞くこと**から始めてください。

はい！　さっそくやってみます！

聞けないならば、思い出そう！

南さん、私はまだ開業したばかりで、前のお店から来てくださったお客さまはごくわずかです。開業後に定着したお客さまに尋ねてみたくても、まだお付き合いも深くないし、ちょっと引かれそうじゃないですか？　どうしたらいいのでしょう。

そうでしたね。でも大丈夫。これはアイコさんみたいな開業直後のサロンだけでなく、どのお店でも使える方法なのですが……、初めて来店し、次も来たお客さまはサロンや美容師の「どこか」を気に入り、信用を得ているはずですよね。

まあ、そうですよね。

なので、記憶をよみがえらせてほしいんです。リピートしたお客さまが、どんな瞬間に、どんなことで、信用や信頼をしてくださったのかを、しっかり思い返してみてください。

問7

あなたや、あなたのサロンが、お客さまから信用・信頼を得たきっかけを10個挙げてみてください。

答:

1

2

3

4

5

6

7

8

9

10

「電話対応が良かった」とか「飛び込みでも親切に応対してもらえた」とか、そんな当たり前なものばかりですが……。

いえ、それこそが大事なお客さまの「声」です。直接のヒアリングと同じように使えますよ。

やったー！

1日目 まとめ

「売上を上げるために、何をやったらいいか分からない」というあなたが、絶対にやってはいけないこと。
それは、先輩経営者らが話す、
「どうせ最初からうまくいきっこないんだから、転びながら成長すりゃいいじゃん」
という言葉に「従わない」ことです。
確かにその先輩経営者は、転びながら成長して、今があるのでしょう。
しかし、それ以上に、転んで起き上がれなくなって、経営を諦めた人が多いんです。
泳げない人に「水に飛び込め！」って言う人と、本質は変わりません。確かに、ごく一部の人は、必死にもがくうちに泳げるようになって助かるでしょう。しかし、ほとんどの人はそのまま溺死しますし、助かったとしても、もう二度と水に入りたくなくなるでしょう。
つまり、そういうことなんです。

経営って、人生をかけているんだから、そんな軽々しいものじゃないし、石橋はなるべくたたくべき。
お客さまの言葉は、まさに、「これまでも、
こんな自分を堅く信じ、頼ってくれた、
信頼できる『石橋』であり、
その人の言葉は
「売上を上げるために、
最初に従うべき言葉」
なのです。

2日目

その価値1000万円！の「ある決定と分析」をしよう

お客さまの声をもとに、
あなたのサロンに眠る価値を発見しましたが、
黒字化するには、
これに加えて「新たな価値をつくる」ことも必要。
その方法を学んでいきましょう。

あなたのサロンは「何屋さん」？

お客さまにいろいろ聞いたら、「コウジさんに仕上げてもらうと、髪の毛がなんかきれいになっている気がするんですよね」と言われたのが、実はちょっと驚きでした。「カットが上手」とか「仕上げのヘアスタイルがすてき」とかだと思っていたのですが、こんなところも気に入ってくれていたんだって。意外な発見があって楽しかった！　本当にやる気が上がりますね！

開業後のお客さまが定着してきたら、なぜ選んでもらったのか尋ねてみたいなあ。

とてもいいですね。……でも、実を言うと、**これだけではまだ赤字脱出には足りないん**です。

え、そうなんですか？

当たり前でしょう!?　赤字サロンにそんな簡単に黒字化するような長所がゴロゴロ転がっているならとっくの昔に黒字になっていますって！

（まあそりゃそうでしょうけれど……）

なので、それだけではなく、**新たな価値**をつくっていかないといけません。

でも、新たな価値といっても、何をすればいいのか……。

そうですよね。なので、「新しい価値のつくり方」を考えていきたいんですけれど、その前に、１つ尋ねてみたいと思います。

問1

あなたは「何屋さん」ですか？

答：

えっ……、「パーマ屋さん」というのは古いでしょうか？

「髪切り屋さん」とか？　というか、この本を読んでいる段階で、ほぼ「美容師さん」か「理容師さん」ですよね？？　もしかして**南さん、ばかなんですか？？？**

（ひどい……）

す、すみません、言い過ぎました……。

いえ、大丈夫です。そういう反応があることも見越していました。本当です。もちろん、決してばかにしてこんな問い掛けをしたわけじゃありません。大真面目です。

大真面目な質問なんですね？

ええ。というのは、**「何屋さん」**かというのが、お客さまの来店動機であり、さらに言えば、スタッフが「このお店で働かせてください」と入社を志望する動機になるからなんです。

というと？

というのは、例えば、確かに「パーマ屋さん」「髪切り屋さん」は、来店や入社の動機にもなりますが、でもこれって、他のサロンにも共通する「屋さん」ですよね。

ええ、まあ……。

ということは、「どのパーマ屋さんでもよかったけれど、たまたま見かけたり近かったりして入った」だけの動機でしかなく、**「あなたのサロン」に来店する動機にはなっていないんで**す。

なるほど……。

では、「僕のサロン」に来店する動機って、何なんでしょう。

いい質問ですね。そこで、もう1問、価値に関する問題を出したいと思います。

問2

きらきら光る「大粒のダイヤモンド」と、「パン1斤」、価値の高いのはどちらですか？

答：（丸をつけてください）

大粒のダイヤモンド　　　　パン1斤

（これは意外な答えなんだろうな……ならば）**パンですね？**

えっっっ、本気ですか？　本当に本気ですか？？　コウジさんはダイヤモンドとパンが並んでいたら、パンを選ぶんですか？？？　ダイヤモンドに決まっているじゃないですか！？？？　どれだけ価値が違うと思っているんですか！？？？？

（当たり前の答えなのかよ！）

ダイヤモンドでいいんですね？

もちろんです。……いえ、コウジさんの不満はごもっともです。こんなもののどこが問題なのかと。分かります。そこで、もう1つ問題を出しますね。

問3

全員が持っていて、紛失してもまた新しいものがもらえる「きらきら光る大粒のダイヤモンド」と、世界のどこを探しても食料はこれしか残っていない状況での「パン1斤」、価値の高いのはどちらですか？

答：（丸をつけてください）

大粒のダイヤモンド　　　　パン1斤

これならパン１斤ですね。

あ……、つまり、**価値とは状況によって変わる、相対的なもの**だと？

アイコさん、そうなんです。サロンの価値もこれと同じで、周囲のライバル店と比較して、「どの店舗にもあるもの」は、一般的にはどんなに価値の高いものでも、「売り」としての価値は相対的に低くなりますし、逆も同じです。だから、カットにちょっと自信がないなあって人は、いろんな地域を回ってみて、**「このあたりの美容師はみんな自分よりカットが下手くそだな」っていうところに出店すればもう勝ったも同然ですよ、ガハハ！**

（出店理由がバレたら月の出ない晩は歩けない……）

なので問１でいうと、「パーマ屋さん」「髪切り屋さん」「美容師さん・理容師さん」は、確かに、美容師や理容師の免許を一生懸命努力して取得してやっと名乗れるものですから、絶対的にはとても高い価値を持っています。けれどお客さまは、そもそも美容師や理容師以外に髪を切ってもらいたいとは思いませんから、「どの美容室や理容室に行こうか」という選択をする際、**「パーマ屋さん・髪切り屋さん・美容師さん・理容師さん」という情報は、相対的には何の価値もない**んです。

ということは、「髪切り屋さん」とか思っているうちは、黒字になりっこない、と。

無理ということはありませんが、茨の道なのは間違いないと思います。……そこで改めて問いたいと思います。

問4

あなたは「何屋さん」ですか？
あなたのお店に来ているお客さまは、お店に何を求め、何に価値を感じてくださり、お金を払っているのか、ヒアリングの内容から考えていきましょう。
ヒアリングがまだならば、「何屋さん」になりたいか、を考えてみてください。

答：

僕なら……、そうだ、お客さまに頂戴した言葉から、**「サロンを出るときの髪の毛をきれいにする屋さん」**とか？

いいですね！　この「屋さん」が、他店でなく、コウジさんのサロンに通う動機であり、美容師にとっては「このサロンで働く動機」です。この言葉をもう少し洗練させれば何になるかというと、**「経営理念」**になるんです。

これが……経営理念！

厳密には若干異なるのですが、「お客さまやスタッフに向けた、サロンからの約束」という意味では同じです。なので経営理念とは、近隣他店にない価値を打ち出すことでもあるんです。

開業前に経営理念をつくったんですけれど、実は「こうなりたいな」っていう憧れのサロンの経営理念を**パク**……参考にしていました……。

それが本当にアイコさんの打ち出せる価値と完全に一致しているならば、それもまあアリなのですが、そうでないならば、自分なりに考えた方がいいと思いますよ。

はい、経営理念、見直してみます！

どんな立ち位置を取ろうか？

コウジさんのサロンは「サロンを出るときの髪の毛をきれいにする屋さん」でしたね。この方向性で、さらに深掘りしていきましょう。

どうやってですか？

例えば、「髪の毛がなんかきれいになっている気がするんですよね」とおっしゃったお客さまは、何歳で、男性か女性か、それと、何歳ぐらいからコウジさんのお店を気に入ってくれていましたか？　そして、そのお客さまはどんな髪質ですか？

ええと……、今44歳の女性で、3年前に初めて来店された方なので、41歳からですね。髪質は、何もしないと髪にツヤとコシがあまりなくて、貧弱に見えがちですね。

いいですね。ではアイコさん、コウジさんが話したことを、そのまま、さっきみたいに「屋さん」にしてください。

「髪にツヤとコシがあまりなく、ヘアスタイルが貧弱に見えがちな41歳から44歳女性の髪に、ツヤとコシを復活させて髪の毛をきれいにする屋さん」……でいいんですか？

ええ、OKですよ。これが、**コウジさんのサロンが「刺さる」お客さま像の一つ**です。

今、「一つ」と言いましたよね。ということは、いくつあってもいいんですか？

基本的にはいくつあってもいいのですが、小さなサロンの場合、あまり多すぎると、結局は「パーマ屋」「髪切り屋」になってしまうので、絞ることをおすすめします。

問5

問4で書いたあなたの「屋さん」は、どんな特性・特徴を持つ人が求めますか？コウジさんの例を参考に、「人の特性・特徴」の情報を足してみましょう。

答：

でも、「髪にツヤとコシがあまりなく、ヘアスタイルが貧弱に見えがちな41歳から44歳女性の髪に、ツヤとコシを復活さ

せて髪の毛をきれいにする屋さん」って、お客さまの対象範囲が狭すぎませんか？

そうですね。実を言うと、対象範囲は狭ければ狭いほど、対象の相手に「刺さり」やすくなります。例えば、コウジさんに行きつけの居酒屋さんがあったとして、そのお店がリニューアルして「コウジさんの好みに全て合わせた、コウジさん専用居酒屋」になったら、コウジさんは行きますよね。

まあ、確実に行きますね。名指しで僕専用と言われたら行くしかないでしょう。

でも、他のお客さんは「何でコウジさんばっかりひいきするんだ」と思い、行かなくなりそうです。コウジさん1人が来てくれれば経営が成り立つというなら、これでもいいのですが、まあ無理ですね。これは「お客さまへの約束」を細分化・ニッチ化しすぎた例ですが、大事なのは、**マーケットの規模的に経営が十分成り立つラインを下限として、周囲のサロンと競合しないぐらいまで、細分化・ニッチ化すること**なんです。

難しそうですね……。

いえ、実はこれも案外簡単で、共通する属性を持つ人と、逆に、共通しない属性の人とを分けていくだけです。コウジさん、例えば、「41歳から44歳」は、「40代」と言い換えても大丈夫そうですか？

ええ。40代ぐらいの方なら、だいたい同じ理由でぺたんとしがちなので、大丈夫です。

ですよね。では「40代男性」はどうでしょう？

うーん、男性の場合、髪の毛が貧弱に見えるのは、薄毛が原因だったりするのかな。ちょっと自分の得意分野と違うのかも。

「60代女性」なら？

年配のお客さまだと、ツヤ感を取り戻すのは苦手かな……。

なるほど。このようにして、共通する属性と、そうでない属性を分けていき、共通する属性を一文で表してみましょう。

例えば、「髪にツヤとコシがあまりなく、ヘアスタイルが貧弱に見えがちな40代から50代の女性の髪に、ツヤとコシを復活させて髪の毛をきれいにする屋さん」……こういうことですか？

いいと思います。大ざっぱに言うと、このように、属性ごとに仕分けすることを**「セグメンテーション」**、仕分けした属性……コウジさんの例で言えば「髪にツヤとコシがあまりなく、ヘアスタイルが貧弱に見えがちな40代から50代の女性」に狙いをつけることを**「ターゲティング」**、そのターゲットに感じてほしい価値……つまり「『ツヤとコシを復活させて髪の毛をきれいにしてくれるサロンである』という価値を感じてほしい」と決めることを**「ポジショニング」**といいます。

セグメンテーションとかターゲティングとか、聞いたことあります！

では、読者のあなたもやってみてください。

問6

**問5で足した「人の特性・特徴」の情報をもとに、
共通する属性とそうでない属性とを仕分けし、
あなたのサロンが狙う属性と、
感じてほしいサロンの価値を一般化しましょう。**

答：

これであなたのサロンは、経営理念をもとに、**「誰に・どんな価値を提供していくか」を決定できた**わけです。

おーっ！！（拍手）

そして実は、「誰に・どんな価値を提供していくか」を決定することで、基本的には**「何か」が高くなります。**何だと思いますか？　ヒントは、「新幹線」と「在来線の各駅停車」です。

問7

「誰に・どんな価値を提供していくか」を決定することで、高くなる「何か」とは何でしょうか？

答：

［　　　　　］が高くなる。

新幹線は高い代わりに早く到着しますよね。ということは……、

客単価が高くなる？

（答えようと思ったのに！）

正解！　ターゲットにとって「ぜひ欲しい」と感じる価値を提供できるので、客単価は高くなります。新幹線と各駅停車の例で言うと、「移動する」という価値しか提示していなければ、どちらも移動できるので等価です。しかし、新幹線は、**「忙しい現代人に、『移動時間を短縮することで、浮いた時間が自由に使えるサービス』を提供している」**から、高い特急料金をもらえるんです。

なるほど！

周囲のサロンは「何屋さん」？

はいっ！　以上で経営理念ができて、ポジショニングが決まって、これで他店と差別化できてウハウハです！　……って、そんなわけないじゃないですかッ！？

（え、いきなりの逆ギレ……？）

南さん、何がダメなんですか？

はい、「ある情報」が足りないんです。

問8

他店と差別化するための経営理念とポジショニングは、だいぶ形になっているのですが、重要な「ある情報」が足りません。
それは何でしょうか？
ヒントは「マーケットの規模的に経営が十分成り立つラインを下限として、周囲のサロンと競合しないぐらいまで、細分化・ニッチ化すること」の文章の中に入っています。

答：

「マーケットの規模」や「周囲のサロン」の情報がまだ分かりませんね。

そうなんです。「周囲のサロンがどんな価値や経営理念を持っているか」「細分化したマーケットがどの程度か」という情報をまだ持っていないから、「自分たちがどんな価値や経営理念を立てれば、経営が成り立つマーケット規模を確保した上での差別化になるか」は分かりようもないんです。

なるほど。ということは、周囲のサロンとマーケットの情報を得る必要がありますね。

ええ。これを**「SWOT分析」**といい、ある目標を掲げたとして、他店と比較した上で、目標達成を後押しするサロンの強み(Strengths)、達成の障害となるサロンの弱み(Weaknesses)、目標達成を後押しする外的な「追い風」……機会(Opportunities)、達成の障害となる外的な「向かい風」……脅威(Threats)を分析していきます。前半2つは「内的要因」、後半2つは「外的要因」といって……、

…………………………チョットナニイッテイルカワカラナイデス……。

言葉は難しそうですが、実はとても簡単ですよ。僕のサロン・Leafでは「白髪染め・縮毛矯正専門店」を売りにしているのですが、例えば「白髪染めで地域シェアナンバーワンサロンになる」という目標を掲げた場合、次のような強み・弱み・機会・脅威があります。

【内的要因：他店との比較】

強み：

・他店の技術者と比べ、創業前から髪のトラブルや、ケミカルの知識が豊富にあり、技術も十分に持っている。

・実際に、髪のダメージケアが得意だ。

・若者よりも、中高年層の女性への対応が好きだし自信がある。

弱み：

・スタイリストやセット面数が他店より少なく、アシスタントも少ないので、仕事の範囲を広げていけない。

・宣伝力が弱く、お店の強みが伝わっていない。

【外的要因：マーケットの動向】

機会（追い風）：

・髪や頭皮のトラブルで困っている人が増えている。

・高齢化が進み、それに伴い髪の悩みを抱える人口が増加傾向にある。

脅威（向かい風）：

・全体的に低価格帯の美容室が増えてきている。
……価格競争の心配

・新規参入店が増えており店舗数が過剰。
……集客競争の激化

・市販の毛染めの広告力が強い。
……美容室離れ

なるほど。こうしてみると、マーケットの動向は「白髪染め」という分野では有利に働く要因が多いんですね。ただ、市販の白髪染めとの競合が怖いところですが。

ええ、まさにアイコさんの言う通り、市販の白髪染めとまともに競合すると太刀打ちできません。そこで､売りを「白髪染め」ではなく、細分化していくんです。

問9

市販の白髪染めと競合しない「白髪染め」を売りにするには､「『どんな』白髪染め」を売りとしたらいいでしょうか?

答:

「白髪染めによるダメージを軽減しつつツヤ感も出る、サロンクオリティーの白髪染め」という打ち出し方をしたら、どうでしょう?

大正解!　もちろん、コウジさんの回答は一つの例ですし、他にも競合しない売りはありますが、考え方は同じです。「ダメージなどお構いなし、白髪が染まれば何でもいい」と考える方はこの売りに関心を示しませんが､逆に**「白髪染めのダメージをできるだけ避けて、ツヤ感を出したい」と考える方は、市販の白髪染めでなくLeafを選んでくださる**でしょう。

ということは、他店との比較でも同じように考えればいい？

ええ。さっそく考えてみましょう。

問 10

「他店と比べ宣伝力が弱く、お店の強みが伝わっていない」という弱みを克服するには、「お金をかけて宣伝力を強化する」といった投資以外に、どのような方法があるでしょうか？　実は、「売りを細分化する」の他に「目標を変える」という方法もあります。両方考えてみましょう。

答：

売りを細分化する…

目標を変える…

「売りを細分化する」は、宣伝力の弱さを逆手に取って、「**白髪染め専門隠れ家サロン**」とするのはどうでしょう？　「隠れ家サロン」だから、派手な宣伝をしない方が、かえってお客さまには「私だけが知っている」という優越感を持ってもらえますし、集客は口コミを中心に、じわり広めていけばいいですし。

ええ、とてもいいと思います。では、コウジさん、「目標を変える」はどうですか？

「地域シェアナンバーワン」って、セット面数やスタッフ数が少ないと難しいですよね。例えばまずは**「顧客満足度ナンバーワン」**に変えたらどうでしょう？

そうですね。ほぼ正解です。顧客満足度をどう計測するかという課題はありますが、例えば顧客満足度イコール客単価と仮定するならば、**「白髪染めの客単価ナンバーワン」**という目標なら、メニュー価格を見ればだいたい他店の客単価を推測できるので、アリだと思います。

なるほど、その方法がありますね！

では、さっそくあなたのサロンもSWOT分析をしてみてください。

問11

あなたのサロンをSWOT分析してみましょう。

答:

あなたのサロンにおける売りは……

あなたのサロンにおける目標は……

周囲のサロンと比較して、強みと弱みは何ですか?
2~3個挙げてください。

強み:

・

・

・

弱み：

•

•

•

あなたのサロンの売りや目標は、マーケットの動向から見て、どのような機会（追い風）と脅威（向かい風）が存在しますか？　2～3個挙げてください。

機会（追い風）：

•

•

•

脅威（向かい風）：

•

•

•

「強み」と「機会」から、あなたのサロンにとって最大のチャンスは何ですか？

「弱み」と「脅威」から、あなたのサロンにとって最も改善すべき点は何ですか？

これで、経営理念とセグメンテーション、ターゲティング、ポジショニング、それにSWOT分析もできた……ということでいいんですか？　経営用語としてはよく聞きますが、もっと難しいものだと思っていました。

ただ、確かに自分たちの立ち位置は決まりました。

そう、難しそうと思うから、美容室経営者はあまりやりたがらないんです。でも、やってみれば簡単ですし、立ち位置が決まるから、どう戦っていけばいいかも分かりやすくなります。それに、こういったことは全くお金がかからないのですから、やらなきゃ損、というか、**やるだけで丸もうけですね、ガハハ！**

（調子に乗りすぎだろ……）

分析と決定の価値はおいくら？

では、1日目の「お客さまの声の価値」と同じように、ポジショニングの決定とSWOT分析で、どれくらいの売上アップ効果が期待できるかも計算してみましょう。まず、ポジショニングを明確にし、サロンの価値が上がるイコール客単価も上がることで、10%ぐらいの顧客は**「近いから・安いから通っていたけれど、ここは私の通うお店じゃないわ」と悟って離れていきます。**

ダメじゃん！！

でも、近隣のライバル店、仮に東西南北に1サロンずつあるとしますが、1サロンにつき10%の顧客が、**「あのサロンは私が行くべき場所だわ」と価値を感じ取り、新規来店してくれるとします。**計算を単純化するために、自分もライバル

店も顧客が200人ずついるとすると、結果、顧客は何人になるでしょうか？

問12

現在の顧客□人
ー失う顧客（□人×□％）
＋新規に獲得できる顧客
（□人×□％×ライバル店□店舗）
＝最終的な顧客□人

新規の獲得は200人×10％×4店舗で80人、失うのは200人×10％で20人だから、差し引き60人。現在の顧客200人に足すと……、**顧客は260人に増える**んですね。

正解です！　では次に、サロンの価値が上がり、また「安いから来ていたのに……」という顧客がいなくなることで、客単価が1万円から、1万1,000円に上がるとしましょうか。顧客は2ヵ月に1回、つまり年6回来店するとします。サロンの価値が上がる優位性も、1日目での計算と同様に2年間保てるとします。すると、ポジショニングの決定とSWOT分析によって、2年分の売上はどれだけ変わるでしょうか？

問13

何もしなかった場合：

顧客□人×年間来店回数□回
×客単価□円×□年間＝□円

ポジショニングの決定とSWOT分析を行なった場合：

顧客□人×年間来店回数□回
×客単価□円×□年間＝□円

何もしない方は、200人×6回×1万円×2年間で、2400万円ですね。

決定と分析をした方は、260人×6回×1万1,000円×2年間で……、**えっ、3432万円！？？？**

ええ、そうなんです。つまり**売上は1000万円も変わる**んですね。

これ、やらないと本当に大損ですね！？

はい。**なのでぜひ、ポジショニングの決定とSWOT分析をしてほしいですね。**

2日目 まとめ

失敗と成功の両方を数多く味わってきた僕の経験則として、第一印象で「スゲーおいしい話だ！」「楽して大もうけできそう」と思ったものはほぼ100％失敗します。一方、「面倒くさそう」「やりたくない」という心の声が聞こえてきたならば、ほぼ大成功します。

なぜかというと、直感的に「おいしい話」と思えるものは、自分にとって分かりやすいメリットばかりに目が向く（裏に潜む落とし穴に目が向かない）よう、誘導されている可能性も高いからです。

一方、「面倒くさそう」は、分かりやすいデメリットへ先に目が向いている状態です。しかし、そこであえて取り組めるということは、デメリットの先にあるメリットまで精査できている証拠。つまり経営者としてのステージも1段階上がっているのです。

また、直感的に「面倒くさそう」な事柄とは、周囲の誰が見ても「面倒くさそう」に思えることです。それに対してもしっかり向き合い、努力する姿は、周囲の人に「彼は信頼できる」という印象を与え、さらに「そんな彼なら応援したい」と、手を差し伸べてもらえるため、ますます成功の確率が高まるのです。

ここで紹介した「ポジショニング」や「SWOT分析」は、読んでいて最初は「面倒くさそう」「やりたくない」と感じたかもしれません。しかし、その先にある大きなメリットも説明しました。直感に負けず、ぜひあなたのサロンでも取り組んでください。

3日目

お客さまが競って「1000円チップ」を投げる仕掛けをつくろう

他店にない、新たな価値を、「これは他店にない、
新たな価値」だと分かりやすく示して、
お客さまの財布のひもを緩めていきましょう。

売れるメニューには1秒で伝わる◯◯がある

お客さまの声を聞き、サロンの立ち位置も把握できて、計算上では1500万円も売上がアップする……、完璧ですよね？

アイコさん、完璧なんてとんでもない！　まだまだ先は長いんです。

えぇ……。

というのは、まだ「**あるもの**」を変えていないせいで、お客さまはその価値に気付けないんです。

問1

既存の価値を見直し、さらには新しい価値を生み出しても、「あるもの」を変えなければ、その価値は伝わりません。その「あるもの」とは何でしょうか？
……とはいえ、これだけでは分かりづらいと思いますので、ヒントを出しましょう。「近場の定食屋さんのメニューに『定食：3,000円』とだけ書かれていたら、あなたはそのランチを注文しますか？」これがヒントです。

答：

まだ＿＿＿＿＿＿を変えていない。

3,000円！？　どんな料理が出てくるの……？？

そのリアクション！　ほぼ正解です！！

（何がほぼ正解なの？？）

アイコさんは今、「どんな料理が出てくるの……？？」と疑問を持ちましたよね。まさにそれがポイントです。先ほどのメニュー名から分かるのは、「何かしらの食事が出るだろう」ということぐらい。どんな料理が提供されるのか、それが3,000円に見合うものなのか、全く想像できません。

確かに、メニューを見ただけではちょっと注文する勇気は湧きませんね。注文するにしても、お店の人に「この定食はどんな料理なんですか？」と聞いた後でないと。

ですよね。で、尋ねてみて、「A5ランクの神戸ビーフのロース150グラムを使用したステーキ定食を原価割れで提供しています。もちろん、肉が腐っているとか、そんなことはありません。最高の品質です」って言われたら、コウジさん、どうですか？

安すぎ！！　財布と胃袋に余裕があれば注文しますね。というか、**それならそうと、メニューに書いてほしいですよね。**

まさにそこなんです。**せっかくいいものを提供しているのに、このメニュー名では全く伝わらず、お客さまはその価値に気付けない**んです。「A5ランクの神戸ビーフステーキ定食（150g）：3,000円」なら1秒で伝わるのに、ですよ。

メニュー名が悪いですよね。……あ！　ということは、さっきの答えは**「まだメニューの名前を変えていない」**ですか？

はい、本当に正解です！　**ネーミングを工夫するかしないかで、価値が伝わるかどうかは天と地の差**なんです。

なるほど。……そう言えば『神戸ビーフ』というブランド名、テレビなんかを見ていても、たいてい「神戸牛（こうべぎゅう）」と呼ばれていて、ふびんなんですよね。昔は、兵庫県の偉い人の前で「神戸牛」なんて言おうものなら、「神戸牛じゃありません！ 『神戸ビーフ』です！」ってめちゃくちゃ怒られたものだけど、今は違うのかな。ネーミングって本当に難しい。

（怒られたことあるんだ……）

ネーミングって、本当に大事で、お客さまにとっては、「ヘアカラー」と書かれているだけでは、「髪色を変える」ことしか分かりません。だから、提供できる価値に合わせた、伝わるメニュー名を考えないとダメなのですが、名称って、1つのメニューや製品につき、1個しか付けられませんよね。つまり、**ネーミングは経営判断の中でとても重要な位置を占めているんです。**

確かに、メニューの中に「ファッションカラー」「キレイカラー」「スペシャルカラー」とか書いてあるのに、中身は全部一緒……なんてお店があったら、何かうさんくさそうだし、お客さまもスタッフも混乱するし、そもそも意味分かんないですよね。

ウチのメニュー名、「ヘアカラー」だけでなく、「カット」「パーマ」「トリートメント」って、そのまんまです……。どうしましょう。

大丈夫です。今からでも名前を変えていきましょう。そのときに大事なのは、まず差別化ですよね。例えば「カット」というメニューでは、他店のメニューの「カット」とどう違うのかぴんとこないのですから、「ウチのカットは他店と違うぞ！」ということを高らかにうたえばいいですね。

やった！　それなら簡単です。実は僕、ドイツのボン出身のベートーベン先生から、どんな髪質や骨格の人でもボリュームダウンできるカット技法を教わっています。「ボンカット」とか「ベートーベンカット」とか名付ければいいですよね。

こ、こっ、ここーっこっこっ、このばかっ！！

えぇっ……！！　なぜ怒られなきゃいけないんですか？？

ベートーベン先生のボリュームダウンカット、私も体験したことありますけれど、なかなかよかったですよ？

アイコさん、確かにベートーベン先生のカット技法は美容業界では評判いいけれど、お客さまはベートーベン先生のこと、ほぼ知らないですよね。すると、お客さまが予備知識なしに、「ボンカット」とか「ベートーベンカット」というメニュー名を聞いたとき、**どんなカットだと連想しそうですか？**

そうですね……、**どちらも何か「髪の毛が膨らみそうだな」とか「もじゃもじゃになりそうだな」とか、そんな感じ？**

そうなんです。お客さまは「単なるカットじゃないんだろうな」とは感づいてくれるでしょうけれど、このネーミングでは、「ボリュームダウンのカット」とは連想してもらえませんよね。

ということは、「ボリュームダウンのカット」だと分かりやすいメニュー名にしなくちゃいけないわけですね。ただ、どうやって考えていけばいいのか……。

ええ。そこで「伝わる」「売れる」ネーミングについて、一つの考え方を紹介しますね。

伝わる・売れるメニュー名のつくり方

【そのメニューの特性を精査する】

・そのメニューの特徴は何か?

・ターゲットは誰か?

・そのターゲットに対してどんなことを実現できるのか?

・その結果、ターゲットにどう思ってもらいたいのか?

【そのメニューについて最も訴えるべきことを絞る】

・いくつか存在する特徴の中から、最も訴えたいことは何か?

・いくつか存在する特徴の中から、最もターゲットに刺さることは何か?

【訴えるべきことをキーワード化する】

例)

ツヤ感が格段に上がる白髪染めメニュー

・効果に訴える:「見た目が若返る」「白髪が自然に染まる」「黒髪のようなツヤ感になる」

・感情に訴える：「うれしい」「楽しい」「友だちに会いたくなる」

・感覚に訴える：「ツヤツヤ」「黒々」「キラキラ」

※キーワードが思い浮かばないときは、コンビニへ行くのがおすすめ。棚にぎっしり並ぶ商品名はネーミングのヒントの宝庫。

【キーワードを組み合わせる】

例）

・見た目が若返り友だちに会いたくなるツヤツヤ白髪染め

・白髪が自然に染まってうれしくなるキラキラカラー

こう見ると、自分でもできそうですね！

ええ、では、物は試し、実際にやってみましょうか。

問2

あなたのサロンの「カット」「パーマ」「ヘアカラー」について、お客さまに価値が伝わり、売れるメニュー名を、次のページから考えていきましょう。

カット：

【特性を精査する】

・特徴は？⇨

・ターゲットは？⇨

・ターゲットにどんなことを実現できる？⇨

・結果、ターゲットにどう思ってもらいたい？⇨

【最も訴えるべきことを絞る】

・最も訴えたいことは何？⇨

・最もターゲットに刺さることは何？⇨

【訴えるべきことをキーワード化する】

・効果に訴えるキーワードは？⇨

・感情に訴えるキーワードは？⇨

・感覚に訴えるキーワードは？⇨

【キーワードを組み合わせる】

・

・

・

・

パーマ：

【特性を精査する】

・特徴は？⇨

・ターゲットは？⇨

・ターゲットにどんなことを実現できる？⇨

・結果、ターゲットにどう思ってもらいたい？⇨

【最も訴えるべきことを絞る】

・最も訴えたいことは何？⇨

・最もターゲットに刺さることは何？⇨

【訴えるべきことをキーワード化する】

・効果に訴えるキーワードは？⇨

・感情に訴えるキーワードは？⇨

・感覚に訴えるキーワードは？⇨

【キーワードを組み合わせる】

・

・

・

・

ヘアカラー:

【特性を精査する】

・特徴は?⇨

・ターゲットは?⇨

・ターゲットにどんなことを実現できる?⇨

・結果、ターゲットにどう思ってもらいたい?⇨

【最も訴えるべきことを絞る】

・最も訴えたいことは何?⇨

・最もターゲットに刺さることは何?⇨

【訴えるべきことをキーワード化する】

・効果に訴えるキーワードは?⇨

・感情に訴えるキーワードは?⇨

・感覚に訴えるキーワードは?⇨

【キーワードを組み合わせる】

・

・

・

・

今ここで考えたものは、100点満点でなくてもOK。大事なのは、**「価値が伝わり、売れるメニュー名を考える」という習慣を持つ**ことだからです。スタッフさんとアイデア出しをして、ネーミングを考えるのも楽しいですよ。

さっそくみんなでやってみます！

10秒で伝わる○○を考える

お客さまに伝わるメニュー名が決まったら、そのメニューを実際に選び、お金を支払ってもらうために、もう1個、あることを考えていく必要があるのですが、アイコさん、何だと思いますか？

えーっ……何だろう？？

何でしょうね？？？

だってだって、メニュー名を見れば選んでもらえるのではなくって？　私、分からないわ！　分からないのよ！！

（舞台女優が憑依した？？？）

問3

メニュー名の次に、私たちが考えるべきこと。それは何でしょうか？　ヒントは「メニュー名を見て興味を持ったけれど、選ぶかどうか迷っているお客さまが、次にすることは何？」です。

答：

メニューの［　　　］を考える。

興味を持ったら……、あ、**「これ、どんなメニューですか」**と尋ねますね。ということは、**「メニューの説明を考える」**で合っていますか？

大正解！ **「興味を持つ」を「選ぶ」に変えるのが「説明」です。**この良しあしによって、せっかくつけたメニュー名が生きるかどうかも決まるので、「選んでもらうために、何を説明するか」をきちんと考えないといけないんです。

説明は大事ですよね。しっかりじっくり説明しなくちゃ。

コウジさん、「しっかりじっくり」はあまりおすすめできません！

え……、そうなんですか？？

「しっかりじっくり説明する」とは、**お客さまに「しっかりじっくり聞くことを強要している」**とも言えますよね。確かに、

メニュー名を見て興味を持った人の全員が、説明を聞いて最終的に購入してくれたらいいのですが、「まあ、自分には要らないかな」と、買わないことにしたお客さまにとっては、興味のない念仏を延々と聞かされ、でも失礼のないようにと相づちは打ち続けるという、地獄のような時間がひたすら続き、その上、最後にしなきゃいけないのは「いっぱい説明してもらったのに本当に申し訳ないんだけど、今日は結構です。ごめんなさいね」と謝ること。**これって控えめに言って最悪じゃないですか！？**　だから、しっかりじっくり説明してはいけません！断じて！

（めっちゃ怒られてる……）

あんまりくどくどと説明されたら、逆に興味を失うこともありますよね。

ええ、なので**「説明は簡潔に」**が大原則です。あと、長く説明すること自体は、その効果はともかく、実は簡単なんです。時間をかければ、伝えたい特徴やキーワードをいつかは話すことができるので。逆に、簡潔に説明するのは難しい。だから経営者は、「何をどう説明するか」を決定しなくてはいけないんです。**それに、ちょこっと説明して、サクッと買ってくれたらめちゃくちゃ楽じゃないですか？　そんなふうになったら、もう勝ったも同然ですね、ガハハ！**

（まあそうでしょうけれど……）

説明することを決める、というのは分かりましたが、どう決めていったらいいのでしょうか？

いい質問ですね。これは答えを言ってしまうと、1つ目の鉄則は、**10秒以内で要点を説明すること**です。

10秒！？　短いですよね。

ええ、短いと思います。でも、この時間で説明しきれるぐらいでないと、お客さまに魅力は伝わりません。**というか、10秒で説明できないなら、美容師が魅力をきちんと理解していないか、そのメニューに何の魅力もないかのどちらかですね。**

なるほど、考えたことなかった。

相手に伝えるのに最も適したスピードは、1分間に300～350音程度、それ以上だと「早口」「聞き取りづらい」という印象になるといわれています。**10秒間では50～60音**ですね。伝えるべきことをあらかじめ、ひらがな・カタカナで50～60文字にまとめておくことが大事です。
では、50～60文字で何を説明するか、さっそく考えてみましょう。

問4

問2で考えた「売れるメニュー」から1つを選び、「ターゲットに実現できること」や「最も ターゲットに刺さること」などをもとに、60音（ひらがな・カタカナ60文字）以内で説明文を考えてみましょう。

答：

例えば「ベートーベンさんのカット」なら、「どんな髪質でも、長さを変えることなく髪の量を調整できます。くせ毛が緩くなり、手触りも良くなります」なんてどうでしょう。

「どんなかみしつでもながさをかえることなくかみのりょうをちょうせいできますくせげがゆるくなりてざわりもよくなります」……56文字で、「りょ」や「ちょ」は1音ですから、54音ですね。コウジさん、すごい！

実は特に文字数などを意識せずにやってみましたが、結構収まるものなんですね。

ええ、それはコウジさんが、問2で**あらかじめターゲットやメニューの魅力をキーワード化していたから**だと思います。経営の勉強をするメリットは、こういう習慣付けによって、とっさの判断を求められたときに適切な答えを出せることでもあるんですよ。

なるほど！

あと、メニュー名も説明も、これで完成というわけではありません。実際に公開し、お客さまの反応を見たり意見を聞いたりしながら、改善点を探していってください。

ここでもお客さまの声が大事なんですね！

1分で丸もうけできる○○を組み合わせよう

メニュー名を変えて、メニューの特徴を伝える説明も考えて、さすがに今度こそ完璧じゃないですか？

ええ。「今までの美容室」としては、まあこれでだいたいOKです。でも、もう一工夫すると、もっともっと利益を上げることができるんです。**この本を読んでいるあなたには、そこまで考えてもらいたいと思っています。**

え？　それってどういうことですか？

そうですね……、ではアイコさん、**「高枝切りバサミ」**ってご存じですか？

え、ええ……。よくテレビ通販で宣伝しているやつですよね。

はい、それです。あの高枝切りバサミですけれど、**あれで何を「取っている」のだと思いますか？**

問5

テレビ通販でよく売っている高枝切りバサミは、何を「取る」ものだと思いますか？

答：

［　　　　　］**を取るもの。**

これは簡単です。**要らない枝とか、なっている実とかを取るものですよね。**

そんなもの取ったって意味ないでしょう？　高枝切りバサミを一体何だと思っているんですか！？

（いや、枝を切るものでしょう……）

確かに枝を切ったり果物を取ったりするものなのですが、**実はもっと別のものを「取って」います。**分かりやすくするために、問題文を少し変えましょうか。次のような問いなら分かるかもしれませんね。

問6

テレビ通販でよく売っている高枝切りバサミは、売る側にとって、購入者の何を「取る」ものだと思いますか？

答：

［　　　　］を取るもの。

なーんだ！　正解は「お金を取る」ですね！

不正解！　全くお話になりません！

え、違うんですか？？

ええ……、売る側がお金以外に取るもの？　買ってくれた人の家に行って枝を取ってあげるとか？

ブブー！　違いまーす！！

（子どもかよ！）

枝でもお金でもないなら、何を取っているんですか？？

はい、実は、**高枝切りバサミを購入する人の個人情報を取るもの**なんです。

個人情報？　住所とか電話番号とか？

そうです。テレビ通販なので、住所と電話番号と名前はセットで分かりますよね。ここで重要なのは、「高枝切りバサミを購入する人」の個人情報だということ。アイコさん、**高枝切りバサミが必要な人って、どんな人を思い浮かべますか？**

そうですね、家に高い木が立っているのだから、広い庭があって、その手入れを自分でするということは、植物が好きで、手入れをする時間的余裕もある人。ということは、仕事をリタイアした高齢者が……なるほど！

気付きましたね。加えて、もし都心で広い庭を持っているなら、よほどの大金持ちでしょう。コウジさん、ということは、高枝切りバサミを購入した人のリストはどんな属性の人ですか？

大きな庭を持つ、時間やお金に比較的ゆとりのある高齢者のリストですね。

そうなんです。そのリストの人たちに向けた商品をセールスすれば、ただまんべんなく宣伝するよりも、売れる可能性ははるかに高い。だから、高枝切りバサミをテレビ通販で売ることによって、ハサミ自体だけでなく、**リストの属性の人が必要とする商品やサービスを二度、三度と販売し、何倍もの利益を上げることもできる**んです。そこで考えてみましょう。高枝切りバサミを購入する人は、他にどんなものを欲しいと思っているでしょうか？

問7

「高枝切りバサミ」をテレビ通販で購入する属性の人は、他にどんな商品やサービスに興味を持つと思いますか？　3つ挙げてみてください。

答：

1

2

3

ここまでドリルをやってきた方なら、3つといわず、5つも6つも思い付いたのではないでしょうか。それは全て正解です。

はい、僕もすぐに4つ思い浮かびました。**「旅行」「健康器具」「サプリメント」「温めるだけで食べられる地方の名産品」**なんていうのはどうですか？

自分のためだけでなく、お孫さんがいると考えたら、**「孫へのプレゼント」**なんていうのも候補に挙がりそうですね。

コウジさん、バッチリです。アイコさん、そこまで想像できればパーフェクトですね。

ありがとうございます！　って、……そういえば、話の発端は「『今までの美容室』にもう一工夫すると、もっと利益が上げる」というものでしたよね。高枝切りバサミと同じように、通販で

何か売ればいいということですか？

アイコさん、その必要はないでしょう？

え？　……**そうか！　カルテがありますものね。**

ええ、実はサロンは、**すでに「サロンの強みや特徴を気に入っている」という属性の人ばかり集まっていて、しかもその人たちの個人情報もしっかり獲得している**んです。つまり「高枝切りバサミ」を販売したのと同じ状況なんですね。

なるほど、では、後はその属性の人が欲しいものを売ればいい、と。

その通りです！　経営用語では、「高枝切りバサミ」に相当する商品を**「フロントエンド商品」**、「旅行」や「お孫さんへのプレゼント」などに相当する商品を**「バックエンド商品」**といいます。経営者は、この2つの商品を上手に組み合わせることで、利益を最大化するのが仕事なんです。

【フロントエンド商品】

ある属性の顧客を集めるための商品。

【バックエンド商品】

フロントエンド商品で集めた顧客に買ってもらう商品。利益が上がる、本命の商品。

今まで考えたことなかったなあ……。

コウジさん、それは仕方がないことで、このことを実践したり、教えてくれたりする美容室経営者は多くないからです。今までサロンでは、一生懸命いいメニューや商品を「フロントエンド商品」として開発し、お客さまを集めているのに、「バックエンド商品」を用意していなかったり、用意していても、何で用意されているのか理解していないから、売るのに不熱心だったりして、ただただ「フロントエンド商品」を値引いて薄利で商売するばかりで、競争相手と共倒れが当たり前って、**ばかなのかな！　もう！！**

（何かトラウマでもあるんだろうか……？）

同じ属性ばかりが集まった顧客情報って、他の業界ではのどから手が出るほど欲しがっている情報なので、これを使わないなんて、ホント、もったいないと思いますね。

確かに！　フロントエンド商品とバックエンド商品、意識してみます。ところで、どんな商品がバックエンド商品としてふさわしいんですか？

いい質問ですね。バックエンド商品に向く性質の一つは、これまで話した通り、**「サロンの顧客が欲しくなること」**です。次に、**「利益率が高いこと」**。これも重要です。フロントエンド商品では、欲しいターゲットを集めるために値引きが必要ならば値引きをしてもいいのですが、バックエンド商品はなるべく利益を確保したいところです。

なるほど、では、カット料金を下げて集客しようかな？

それはコウジさんの場合、慎重に検討してほしいと思います。というのは、「欲しいターゲットを集めるために」と言った通り、料金を下げすぎると、その料金の安さに引かれた、本来のターゲットとは違うお客さまを集めてしまう可能性もあるからです。カットって、美容師の人件費を考慮しなければ、原価率はほぼゼロなので、「お客さんがいないよりは、来てもらって切った方がいい」と考えたならば、どんな高いスキルのカットでも、値段を下げようと思えば下げられます。しかし、コウジさんは、せっかく、先ほど価値をつくり、ネーミングと説明でその価値を伝えようとしているのですから、その価値を下げすぎないように、どこまで値引きするかはよく考えるべきです。カットに限らず、値引きは本当に必要なこと・必要なとき・必要な額だけにした方がいいと思いますよ。

了解です！

そしてあともう一つ、とりわけ美容業でバックエンド商品に向く性質は、**「手間を掛けなくても売れること」**。30 分間付きっきりで施術して 3,000 円を稼ぐのもいいのですが、1 分間で 1,000 円稼ぐ方が、バックエンド商品としてより理想的です。

ただやっぱり美容師って技術屋だから、手間を掛けてお金を頂戴しないと、何となく申し訳ないと思っちゃうんですよね……。

アイコさん、そう感じるのは、まだ「フロントエンド商品」と「バックエンド商品」の切り分けができていない証拠です！フロントエンド商品は、お客さまをがっちりつかむために、しっかり手間を掛けても問題ありません。一方、バックエンド商品は、そうしてがっちりつかんだお客さまに、もっと役立つメニューや商品を提供して、お金を支払っていただくためのものですから、**バックエンド商品でも手間を掛けるのは、ある意味「二度手間」**なんです。「美容師は技術屋」というプライドは大事にすべきですが、特に**経営者なら「その技術を最大限生かして利益を出す」という発想も必要**です。

なるほど、技術屋としてのプライドは捨てず、そこに経営者の意識を足すのが大事、ということですね。

ところで、30分に3,000円というと、例えばトリートメントなんかが当てはまりますが、原価は300円、10%ぐらいなので、差し引き2,700円、90%が利益になりますよね。一方、1分間で1,000円稼げるというと、すぐに思い付くのは店販品ですけれど、仮に定価の65%で仕入れると、利益は残り35%、350円です。店販品は利益率の低いことが気になります。

あ、なるほど、しっかり計算もして、着眼点はいいのですが、**コウジさんは大きな勘違い**をしていますね。ちょっと問題にしましょうか。

問8

コウジさんは、利益率について勘違いをしています。それは何でしょうか？　以下の文章を穴埋めし、カッコでくくった部分は正しい単語に○をつけてください。

答：

コウジさんが指している利益は[　　]利益、バックエンド商品における「利益率が高い」が指している利益は[　　]利益。両者の違いは、（変動費・固定費）が差し引かれているかどうか。とりわけ前者は、美容業で大きなウエートを占める（材料費・人件費）が計上されていないので差があるように見えるが、実際の「利益率」はほぼ同じ。

これは分かります！　コウジさんが言っているのは**「粗利益」**、バックエンド商品で着目するのは**「営業利益」**、違いは**「固定費」**、とりわけ**「人件費」**が計上されていないから、大きな差があるように見える……ですね。

完璧です！　トリートメントメニューを提供するには、30分間分の人件費がかかります。その人件費って、単に給与を30分換算にした額だけでなく、「いつお客さまが来ても応対できるように待機するための時間分の給与」とか「社会保険料」も含まれるので、実際には売上の約55～60%がかかっています。トリートメントの原価率10%を足すと、65～70%が費用ですから、利益率は35～30%。つまり、利益率は店販品と変わらないか、やや落ちるぐらいなんです。

うわ……、勘違いしていました！

でも、トリートメントもバックエンド商品として決して悪くないんですよ。大事なのは、「顧客が何を必要としているか」なのですから。

そうでした、「顧客が何を必要としているか」ですよね。これも検討すればいいんですよね。

その通り！　例えば、コウジさんのサロンを利用する顧客は、どんなメニューや商品を欲しがるかを考えてみましょうか。

✂ 問9

コウジさんのサロンのポジションは「髪にツヤとコシがあまりなく、ヘアスタイルが貧弱に見えがちな40代から50代の女性の髪に、ツヤとコシを復活させて髪の毛をきれいにする屋さん」ですが、このサロンを利用する顧客は、他にどんなものを欲しがると思いますか？　メニューや店販品といった、通常サロンで扱う商品だけでなく、他業種の商品やサービスでもいいので、思い付くものをどんどん書いていきましょう。

答：

・

・

・

・

・

・

・

・

・

・

・

コウジさんの顧客とは違いますが、僕の知っている事例として、20代から30代のキャリアウーマンが多いサロンでは「結婚相談所」を斡旋したり、子連れ来店OKのサロンでは「子どものおもちゃ」を販売したり、というサロンもあります。子どものおもちゃなんて、バックエンド商品としては最強ですよね。説明は全部親が自分でしてくれるし、仮に親が「買っちゃダメ！」と厳しく言っても、子どもが**「やだやだ！　買ってくれなきゃやだ！！」ってごねて泣き出したら、周囲の手前、買わなくちゃならない。まさに丸もうけですね、ガハハ！**

（その発想はなかった！）

そう思うと、売れるメニューや商品は無限ですね。

ええ。そして何より、サロンの強みとなるのは、**「フロントエンド商品で顧客との関係性ができている」**ということなんです。高枝切りバサミの例だと、確かに購入者のリストは持っていますが、購入者側としては「あの高枝切りバサミを売ってくれた業者さんだから、他のおすすめも買おう」とはあまり思いません。ですがサロンなら、**「私のことをよく知っている美容師さんが、私のために、すすめてくれたもの」「しかも、さっきの説明を聞くと、確かに私が必要としているものだ」**と感じてもらいやすいから、**バックエンド商品は本来、飛ぶように売れるべきもの**なんです。しかも、そうやっておすすめしたメニューや商品は、顧客にマッチしているものばかりだから、**お客さまの満足度も、生活の質も向上し、ますます信頼してもらって、ますます売れまくる。これで赤字になるわけないですよね。**

確かに！！

フロントエンド商品とバックエンド商品の究極は、ショーパブとか大衆演劇です。ショーやダンス、舞台の出し物はフロントエンド商品。手間を掛けて一生懸命練習し、その成果を比較的割安で見せて、ファンを獲得します。で、獲得したファンは、キャストに**「チップ」や「おひねり」をばんばん渡します**よね。これがバックエンド商品。ここには何の手間もありません。**ただ「にこっ」と笑うだけで1000円チップがどんどん投げ込まれます。**サロンではさすがにこうはなりませんが、一つの理想として頭に置いておくと、「もっと工夫ができるのでは」と発想する手掛かりになります。

(南さんって、チップをダンサーさんの胸元あたりにねじ込んでそう……)

(アイコさんからいわれのない誤解を受けている予感がする……)

この関係を式にすると、**メニューの独自性・魅力（フロントエンド商品）×さらに魅力的な提案（バックエンド商品）＝圧倒的な売り**と言えると思います。3日目までにチャレンジしてきたことは、**圧倒的な売りをつくること**なんです。

つまり、私たちのサロンに、「圧倒的な売り」ができた、ということなんですね！

そうです！　なので、**「自分たちには圧倒的な売りがある！」と自信を持ってお客さまと接してほしいですね。**

3日目 まとめ

最後の例でも触れた通り、バックエンド商品の理想はチップやおひねりですが、お客さまがなぜチップやおひねりを投げ込むかというと、フロントエンド商品に手間を掛けて、魅力を生み出しているからなんですね。
で、美容師について考えてみると、まさに僕たちは、日々たゆまぬトレーニングを行ない、時間と手間と頭を使って、「フロントエンド商品」を磨いているわけです。一時期、カリスマ美容師ブームなんてものがありました。これって、もちろんメディアの仕掛けも大きいのですが、それだけでなく、フロントエンド商品を地道に磨き、魅力を高めてきた成果でもあったと思うんです。
ですから、先ほど「サロンではさすがにこうはなりませんが」と述べましたが、実は「近いことはできる」とも思います。それは「キャラ商売」。コンサートで売られているアーティストのグッズや、「会えるアイドル」の握手券、アニメのキャラをプリントした日用品など、世の中にあふれるキャラ商売は、ほぼ全てがバックエンド商品です。これらと同じように、サロンも美容師も、「キャラ」を確立することで、いろんな「バックエンド商品」を展開することは、難しくないと思います。
そして、その「キャラ」が、
サロンとしては
「メニューの独自性・魅力」
であり、美容師としては
「たゆまぬ努力」なのです。
これからも、どんどん「キャラ」を
磨いていきましょう。

4日目

サロンに眠る1枚150万円の「あのお宝」を掘り起こそう

「黒字化する仕組み」ができたら、
いよいよその仕組みを使うタイミング。
まず誰に対して使うべきかを考えていきましょう。

売上アップの方法は何通り？

いきなり問題です。**サロンの売上をアップさせる方法は、大きく分けて２つしかありません。それは何でしょうか？**これはよく言われることなので、ノーヒントでも大丈夫でしょう。

問1

サロンの売上をアップさせる2つの方法は何でしょうか？

答：

- ［　　　　　］**を上げる。**
- ［　　　］**を増やす。**

これは簡単ですね。**「客単価を上げる」**か、**「客数を増やす」**か、ですよね。

正解です！

（問題を出したのは僕なのに……）次に、**客数の増やし方は、大きく２つしかありません。**同じくノーヒントでいきましょう。

問2

客数の増やし方を、2つ挙げてください。

答：

・［　　　　］する。

・［　　　　　　　　］を縮める。

（［　　　　　　］を高める）

大正解！

（まだ答えを言う前なんだけど……、しかも言うのはアイコさん？）**「集客する」**か、**「来店サイクルを縮める」**か、ですよね。カッコの中は**「来店頻度を高める」**でしょう？

そして、**集客の方法も大きく2つに分類できますね。**これもノーヒントで。

問3

集客を大きく2つに分けるなら、どのように分類できますか？

答：

・［　　　］に集客する。

・［　　　　］に再び来てもらう。

「新規に集客する」か、「休眠客に再び来てもらう」か、ですよね。はい、正解です！

（問題も答えも合ってる……）アイコさんに全部取られてしまいましたが、まさに言いたいことはその通りです。集客とは、今まで面識のない「新規客」か、1回以上は来店している「休眠客」のどちらかを集客することだといえます。

何かずいぶん基本的な話に戻りましたね。

ええ、本当にごく当たり前のところですが、要は3日目までは、「お客さまにサロンのいいところを尋ねる」とか「ネーミングと説明を洗練させる」「バックエンド商品を用意する」のように、**「客単価を上げる」**ための考え方を学んできました。もちろん、「他店と差別化する」のような、集客にまつわる内容もありますが、これも、「お店のポジショニングと強みを決めることで、

その強みを必要とする顧客を集めて単価を上げる」という効果もあったわけですね。

こんな前振りをするということは、今日からは**「集客」**について勉強するんですね？

そうです！　……で、コウジさんに質問ですが、美容業の場合、集客の３つの要素、**「来店サイクルを縮める」「新規に集客する」「休眠客に再び来てもらう」のうち、一番簡単なのはどれだと思いますか？**

えーと……。

問4

「来店サイクルを縮める」「新規に集客する」「休眠客に再び来てもらう」の中で、最も簡単なものに○、最も難しいものに×を入れてください。

答:

- [ ] **来店サイクルを縮める**

- [ ] **新規に集客する**

- [ ] **休眠客に再び来てもらう**

うーん、来なくなったお客さまは、何か気に入らないことがあったり、失望したりしたのでしょうから、一番難しいのは「休眠客に再び来てもらう」かな……。

それに比べれば「新規に集客する」のは簡単ですよね！　集客サイトでバンバン宣伝すればいい。そろそろサイトに登録しようかな。

な……、ば、ばっ、ばばっばかっ！　そんなわけないでしょ！！　一番難しいのが新規集客、一番簡単なのが休眠客の再来です！！！

そ、そうなんですか？

そりゃそうですよ！　集客サイトがいくらかかると思ってるんですか！！　アイコさんは少し前までお店に集客してもらっている立場だったので、料金を知らないのかもしれませんが、**あれは、なかなかね……。**

（遠い目をしてる……）

もちろん、新規集客も重要なので、後日学んでいきますが、まずは最も簡単な**「休眠客の再来」から取り組んでいくべき**です。あ、あと、休眠客の再来から取り組む大きなメリットが２つあって、**１つ目は、効果が分かりやすいこと**です。

効果？

ええ、例えば集客サイトですが、集客サイトのネット予約ページから新規予約が入ったとしたら、「あ、集客サイトの広告のおかげだ」って思いがちですよね。

思いがちというか、その通りですよね。

でも本当は、その人は集客サイトを見る前に別の媒体でサロンのことを知り、新規予約を入れようと決めていたのかもしれません。直接電話してもよかったけれど、ネット予約も受け付けていることを知っていたから、じゃあ、電話応対で手をわずらわせるのは悪いし……とネットから予約をした。この場合、集客サイトの広告のおかげ、とは決して言えないわけです。

確かに、言われてみれば。

その点、休眠客の再来は単純です。**こちらから直接アプローチしているので、効果があれば来店し、なければ来店しない。そして、来店してもらえれば、「アプローチに効果があったんだ！」とうれしくなります。**これが最初に取り組むべき理由なんです。

いつの間にか離れてしまったあの人に、また来てもらえたら、うれしくなるだろうなあ……。

（誰か特定の人を思い浮かべていそう……）もう１つのメリットは、後で説明しますね。

あのお客さまはどこへ消えた？

分かりました！　ところで、なぜ「休眠客に再び来てもらう」ことが一番簡単なんですか？

ええ、ではなぜ簡単なのか、考えてみましょうか。

問5

休眠客に再び来てもらうことがなぜ簡単なのでしょうか。その理由を示す、下の文の□に文字を入れてください。

答：

・休眠客の□を把握できているから、直接ピンポイントにアプローチできる。

・休眠客は、一度は「数あるサロンの中から、このサロンを□び、□した」ことがあるから、すでにサロンのどこかを気に入っている。

1つ目は分かりました！　**「個人情報」**と**か「連絡先」**が答えですよね。2つ目は、書くスペースが小さいから逆に難しい……、**「選」び、「来店」したことがある**でOK？

正解です！　逆に言うと、新規客を獲得しようとしても、連絡先を知らないから、アプローチはどうしても最大公約数的なものになってしまうんです。また、新規客は、「来店するか、しないか」の前、**「数あるサロンの中から、このサロンがあるかどうかに気付くか、気付かないか」、気付いても、「このサロンに興味を持つか、持たないか」、興味を持っても「行こうと思うか、思わないか」……など、数多くのハードル**

をクリアしないと来店してもらえません。だから新規客獲得は難しいんです。

なるほど……。でも、コウジさんが言うように、お店に何か不満や失望があって、来なくなったのでしょうから、もう一度行ってみようか、という気にはなかなかなれないように思えます。

いえ、**ほとんどの方は、「別のサロンに『浮気』してしまい、戻りづらい」「特にまた行く理由がない」「他に気に入ったサロンができた」程度。**まあそれも悲しいといえば悲しいのですが、**強い不満や失望を感じて来なくなる方は、ごくわずか。**なので、アプローチをすることで、戻っていただける可能性は決して低くありません。

ということは、カルテを見直して、じゃんじゃんアプローチすればいいわけですね。でも、どんなふうにアプローチすればいいのでしょう？

はい、まずは**「戻ってきてほしい人」と「そうでもない人」を仕分けしてほしい**んです。

全員にアプローチ、ではないんですね。

ええ、休眠客の中には、「家の近所だったから」「髪を切りたいと思っていたときに、たまたま値引きキャンペーンをしていたから」という人も多く、その方がサロンのターゲット、つまり「強み」と合っていないならば、アプローチしても来ていただける可能性は低く、仮に来店しても、また離れていきます。それよりは、**サロンのターゲットとなる方だけにアプローチした方が効率的**なんです。例えば、Leafでは「白髪染め＆縮毛矯正専門店」をうたっているので、休眠客のカルテから「ヘアカラー」か「縮毛矯正」をされる方を抜き出して、アプローチを

かけます。

年齢や性別も分類の基準になりますか？

ええ！　コウジさんのように、「髪にツヤとコシがあまりなく、ヘアスタイルが貧弱に見えがちな40代から50代の女性の髪に、ツヤとコシを復活させて髪の毛をきれいにする屋さん」なら、40代と50代の女性に、まずはアプローチするといいでしょう。

アプローチすべき人を仕分けするのは分かりましたが、どのようにアプローチをすればいいんでしょう？

そうなんですよね。サロンのことはすでにご存じですから、今さらメニューの話をするのもよそよそしいですし。

ごもっとも。実は、アプローチ法には**「やってはいけない」鉄則**がありますので、それを問題にしてみましょう。

問6

「休眠客に再び来てもらう」というミッションを遂行するに当たり、「やってはいけない」ことがあります。それは何だと思いますか？

答：

＿＿＿＿でアプローチをしてはいけない。

何でしょう。「直接訪問」とか？

え、何それストーカー！？　怖いんですけれど。

いや確かに直接訪問するのはダメですね。その方は二度と来ないどころか、周囲に悪評が広まること間違いなしです。でも、そんな非常識なことではなく、もっと単純で、サロンがやりがちなことです。

「値引き」とか？

正解です！

え、値引き？　値引きはなぜダメなんでしょう。新規客獲得のときは値引きをするサロンも多いですよね。

コウジさん、新規客と休眠客の違い、もう忘れてしまったんですね！

え……、あ、**休眠客は「すでに来店したことがある」**ということ？

ええ、そうです。新規客は一度も来店したことがなく、サービスも体験していないので、お試しのハードルを下げるために、値引きをするというアプローチはアリです。言い換えると、**新規客への値引きとは「どんな体験をするかなんて本当のところは分からないのに、よく来てくださいました」というお礼**とも言えるでしょう。でも**休眠客は、もうサービスを体験しているのですから、最初からハードルは下がっています。**なので、値引きをする必要はありませんし、値引きでアプローチすると、結局は、せっかくつくったサロンの価値ではなく、値引きがあるか、ないかという価値でしか判定され

ないため、1回は再来しても、次はまた休眠してしまいます。

ということは、値引き以外のアプローチが必要ですね。

ええ。でも、難しく考える必要はありません。要は、また戻ってきてほしいのですけれど、逆に**「自分だったら、どういうときに『戻ってもいいかな？』と思うか」**というところから発想すればいいだけです。で、コウジさん、人生の中で、「戻ってもいいかな？」と思ったのって、どんなときでしたか？

え……、別れた彼女から連絡が来て、「元さや」に戻ったときとか、ですかね。**あ、それが今の妻ですけれど。**

（マジか……！）

コウジさん！　**「元さや」が、実は核心そのものなんですよ。**

えっ？

休眠客へのアプローチって、要は「元さやに戻ってほしい」っていう、下心満々のアプローチなんですね。でも、その下心を丸出しで「また付き合ってくれよぅ！　欲しいものは何でも買ってあげるからさぁ！」とか、「アンタなしではウチはやっていけないの……！」みたいな重いアプローチは、相手をドン引きさせるだけなんです。コウジさん、今の奥さんから来た連絡って、きっと電子メールか何かで**「最近どう？元気？　久しぶりに会いたいね」とか、そんな感じの内容だったんじゃないですか？**

なぜ分かるの……！

何しろ、まさにそれが、休眠客へアプローチする要点だからで

す。つまり、**「○○さん、ごぶさたしています。お元気ですか？　最近新しいスタッフも入りました。よければ会いに来てくださいね」**とか、**「新しい観葉植物を入れたんですよ」**とか、そんな感じの連絡でOKです。**タイミングが合えば、「来ていいというならまた行ってもいいかな」と、何人かの方はあっさり戻ってきてくださいます。**

行かなくていい理由をつぶそう

さて、僕のお客さまに、年商100億円超えの社長さんがいます。彼と僕とは独立した時期が一緒で、何でも話せる仲なんです。

わお！

その彼があるとき、**「売れない店の共通点」**という話をしてくれました。彼は今までいろんな会社やお店に招かれて、訪問したのだけれど、売れないお店は100軒が100軒、なぜか「あること」が共通していたんですって。なので、彼が経営する店舗では、必ずそのことからチェックをするそうです。それは何だと思いますか？

え……何でしょう？　清掃関係、窓のホコリとかですか？

基本中の基本ですね。

いい線ですが違います。これは絶対に当たらないと思うので答えを言うと、**照明の切れているところが必ずある**のだそう。

照明ですか。へえ。天井だけでなく、ショーケースやフットライト、屋外のサインライト、トイレの電球など、結構ありますものね。1個ぐらい切れていても、気付かなそう。

（うちのお店、照明が切れたまま放置しているところがあった……）

なので彼は、自分の店舗を訪問する際は「どうか照明が切れていませんように」って祈って行くらしいですよ。で、もし1個でも電球が切れていたら……、

鬼の形相になるとか。

（………………！）

これは一例ですが、ほんのささいなことが、**お客さまの「来ない理由」**になっています。休眠客にアプローチし、来ていただけることになったとしても、元々、「浮気」したのも「特にまた行く理由がない」のも、何かしらの「来ない理由」があったからなのですから、その理由をつぶさなくてはいけません。

確かに！

ただし！　そのときは必ず、「ターゲットは誰か」を念頭に浮かべながら理由をつぶしてください。極端なことを言えば、40代の女性がターゲットなのに、「10代のギャルが来ない理由」をつぶそうとして、婦人誌を全部捨てて、代わりにギャル系の雑誌ばかり並べたら、40代女性は来なくなりますよね。

まあ、そうですよね。

なので、まずはターゲットをイメージしつつ、ターゲット目線になって、「どこに来ない理由があるか？」を、電球1個1個をチェックするように細かく確認していくのです。**で、これを50個、見つけてほしいんです。**

50個！？

50個って、たくさんあるようで、よく観察すれば、どんどん見つけてしまう数なんです。あと、この段階では、「来店して分かる、来ない理由」と、「来店したことがない人の、来ない理由」は分けなくて結構です。その訳は後で説明します。とにかく、来ない理由をどんどん見つけてください。……アイコさん、コウジさん、「来店して分かる、来ない理由」には、例えばどんなものがありますか？

うーん、「技術が下手だった」「思い通りの髪型にしてもらえなかった」なんていうのは？

「美容師がずっと話しかけてきてウザかった」とか。

ええ、そういうのも理由になります。では、「来店したことがない人の、来ない理由」は？

「予約をしたが、いっぱいだと断られた」とか。

「お店の屋号が読めない」とか「いつも店の前を通るけれど、店内が見えず怪しい感じがした」なんてのも？

いいですね。その調子でどんどん見つけていきましょう。僕はこういうの得意でね、赤字だったときなんて、ネガティブなことばーっかり考えるから！　あれもダメ！　これもダメ！　**……何だこのお店はひどいもんだ全部ブルドーザーでぶっつぶして更地にしてしまおうか！**

（思い出し激怒……？）

✂ 問7

お客さまが「来ない理由」をどんどん見つけ、記入していきましょう。その際、「来店して分かる、来ない理由」には、理由の後に「再」、「来店したことがない人の、来ない理由」には、理由の後に「初」と書いてください。最後に、「再」と「初」を数えて、それぞれ何個あったかを記入してください。

答：

例）　思い通りの髪型にしてもらえなかった。　再

1

2

3

4

5

6

7

8

9

10

11

12

13

14

15

16

17

18

19

20

21

22

23

24

25

26

27

28

29

30

31

32

33

34

35

36

37

38

39

40

41

42

43

44

45

46

47

48

49

50

再　□　個　　初　□　個

おつかれさまでした！

これ、やっていくと、誰でも思い付く理由は尽きて、**細かな理由が絞り出されますね。**

そう、これくらい絞り出さないと、**サロンにお客さまが来ない「本当の理由」は見えてこない**んです。

僕のリスト、「再」が圧倒的に多い……！

まあ、今の時点ではそうかもしれません。ですが、これを何度か繰り返しやってみると、だんだん「再」が減り、「初」が増えてきます。というのは、「再」は基本的にサロン内に存在する「来ない理由」ですし、「お客さまが喜んだか、嫌な顔をしたか」というチェックもできるので見つけやすく、改善しやすいんです。一方、「初」は、「来たことのない人の、来ない理由」ですから、想像が難しいんです。

でも、これで、つぶすべき「来ない理由」が見えてきました！

50 個全部一度につぶせたらいいのですが、**まずは「再」から**

改善していきましょう。休眠客が休眠客になった理由は、「再」にあるかもしれないのですから、それが改善されていたら、「ここ、以前とずいぶん変わった！」と感心し、1回だけでなく、またずっと来てもらえるようになります。そうなれば、「元さや」作戦、大成功です！

再来客へのアプローチ、その価値はおいくら？

そういえば、「休眠客の再来から取り組む大きなメリットが2つある」って言っていましたよね。もう1つのメリットって何ですか？

そうでしたね。2つ目のメリット、それは**「休眠客のカルテを見直せる」**ことにあるんです。

それは……どういうことですか？

というのは、カルテは顧客情報の宝庫ですし、お客さまとの思い出が詰まった大事な記録でもあるんですが、普段から何度も見るのは、当たり前ですが、よく来店するお客さまのカルテばかりですよね。だって必要ですから。それに、カルテ整理なんかをしながら、ちょっと抜き出して読んでしまうカルテって、ずっと来てくださっている顧客のカルテなんですよね。「自分は必要とされているんだ」って実感して、それで何かやる気が上がったり。

ええ、よくやります。

一方、休眠客のことって、思い出すのもつらいし、ましてやカルテを読み返すのもつらい。自分の落ち度がそこに書いてあるように思えてしまうんですよね。だから、**「もうこの人は来**

ないんだ」って、棚の奥へ押し込めてしまいがちなんです。

確かに！

そこで生きてくるのが、**「休眠客にまた来てもらおう」という大義名分。**この大義名分があれば、休眠客のカルテを掘り起こして、読むことになりますよね。すると、そのカルテからいろんな気付きが得られるし、もちろん、アプローチをして来てもらえるようになれば、売上も上がるわけです。

そんなメリットもあるんですね！

では、そんな休眠客のカルテを掘り起こす効果を試算してみましょうか。アプローチし、「来ない理由」をつぶしたことで再び顧客になってくださり、今後20年間、年6回来店し、そのたびに1万円を支払ってもらえるようになるとします。また、「来ない理由」をつぶしたことで、復帰した顧客は、「生まれ変わった、いいサロンがあるよ」と、お友だちを紹介してくださいますが、そんな紹介客の中には、復帰した顧客と同様、毎回1万円、年6回、20年通ってくださる方が出てくるでしょう。その確率は、顧客が4人いたら1人、つまり25%とします。すると、掘り起こしたカルテ1枚で、どれだけ売上をアップできるでしょうか？

✂ 問8

復帰した顧客の売上：

毎回［　　］万円×年［　　］回×今後［　　］年
＝［　　　　］万円

紹介客の売上：

毎回［　　］万円×年［　　］回×今後［　　］年×
紹介確率［　　］％＝［　　　　］万円

復帰した顧客の売上［　　　　］万円＋
紹介客の売上［　　　　］万円＝［　　　　］万円

復帰した顧客は、1万円×年6回×20年＝120万円、紹介客は、1万円×年6回×20年×25％＝30万円。

ということは、**1枚のカルテで150万円！？**

そうなんです。つまり、掘り起こしたカルテにはそれだけのお宝が眠っている可能性があるのです。

とはいえ、アプローチにはお金がかかりますよね。

では、いくらぐらいかかるかも試算してみましょう。経験則として、休眠客100人にアプローチすれば、先ほどのような顧客を獲得できます。休眠客1人にアプローチをかけるための原価は、はがきか封書かメールか……とか、封書なら用紙代が

……などと、条件によってちょっと異なりますが、多めに見積もって、1人当たり200円としておきます。また、そのためにかかる時間は1人当たり15分としましょう。本当は、休眠客にアプローチするシステムができてしまえば、もっと早く終わります。仮に時給2,400円、つまり15分給が600円とすると、100人にアプローチする費用はいくらになるでしょうか？

問9

（休眠客1人へアプローチするために必要な
原価[　　　]円＋人件費[　　　]円）×
アプローチする人数[　　　]人＝[　　　　　]円

（200円＋600円）×100人＝8万円ですね。案外安い！

実際にはもっと安くなりますよ。それと、**反応率を高める裏技**があるので、ついでに教えますね。

え、何ですか、その裏技って！　教えてください！！

はい、その裏技とは、アプローチを掛けるツールに封書を選び、その中に**「ゴロッと固い物」を入れる**というものです。コウジさん、封書に「ゴロッと固い物」が入っていたら、どうします？

えーと、**「何が入っているんだろう」と、開封しますね。**

まさにそれがこちらの作戦で、「何が入っているんだろう」と気になるから開封してもらえる、つまり、アプローチを読

んでもらいやすくなるんです。そして裏技の第２弾、「ゴロッと固い物」として、Leafが選んだのは、**表に「美容室 Leaf」という店名と電話番号をプリントしたマグネット。**これをメモクリップとして冷蔵庫なんかにくっつけてくれたら、冷蔵庫を見るたびにLeafのことを思い出してもらえるわけです。この２つの裏技を使って休眠客にアプローチしたときは、10％の方が反応してくれました。

じゅ……10％！？

はい、それがうそ偽りのない休眠客アプローチの成果です。

すぐにでも封筒とマグネットを用意しなくちゃ！

そうそう、大事なことを言い忘れていました。棚の奥に押し込んだ休眠客のカルテは「掘り起こす」のでいいのですが、休眠客を「掘り起こす」のは、実はちょっと違うと思っています。

それはどういうことですか？

何か「掘り起こす」って言うと、ピラミッドの発掘調査みたいに遠く、古いものみたいじゃないですか。確かにカルテ自体は、それくらいの気合いを入れて掘り起こしたいのですが、お客さま自身とは、ちょっと会っていなかった友だちに「久しぶり！」とあいさつして、またすぐ昔と変わらない付き合いをするように、当たり前に接するのが大事だと思っています。

はい、心に刻んでおきます！

4日目 まとめ

「もう絶対にこの店には来ません！」
お客さまからこんな怒りの言葉をぶつけられた経験は、誰しも1回や2回はあるのではないでしょうか。……え、10回ぐらいある？　それはご愁傷さまです。
でも、よく考えると、たくさんのお客さまと接してきて、たった10回、10人しかいません。あなたの美容師人生を振り返れば、これまでに、この何十倍、何百倍の人数を、美容師個人として、また、経営者として失客しているはずです。
何が言いたいかというと、決定的に振られ、来なくなった人って、本当はごくわずかなんです。仮にこれまで1,000人失客し、うち10人から決定的に振られた（これはかなり高い比率です）としても、残り990人は、ドリルの途中で述べた通り、「何となく」離れていっただけなのです。
それに、アプローチさえ間違わなければ、それを受け取った休眠客も、「私のことを覚えてくれているんだな」とは思えど、悪い気はしません。
だから、赤字経営から脱出するためにも、休眠客を少しだけ未練がましく追い掛けましょう。新規客の獲得に躍起になるよりも、はるかに難易度は低く、しかもお金もかかりません。

……あ、とはいえ、くれぐれも「未練がましく」はあなたの心だけにとどめてください。重いアプローチは厳禁です。

5日目

赤字脱出の最強ツール、800万円の「接着剤」を手に入れよう

「お客さまにとって価値のあるサロンであること」は、
必ずしも「お客さまがずっと来てくれるサロン」と
イコールではありません。お客さまをつかんで
離さない取り組みを学んでいきましょう。

「バスタブの栓」を閉じよう

強みができ、休眠客にもアプローチして、お客さまが増えてくる。赤字脱出に向けて、経営も軌道に乗り始めてきましたね。

ということは、次に取り組むのは新規集客ですか？

いえ、4日目にも話した通り、一番難しいのは新規集客なので、それは後回しにしましょう。それに、新規集客の前にやるべき、大事なことがあるんです。

それは何でしょうか？

はい、それは**「バスタブの栓を閉じること」**です。

バスタブですか！？　バスタブなんてもの、お店にはありませんよ？

あ、分かりました！　家のバスタブの栓をきちんと閉じたか確認せずに仕事に出掛けたら、仕事中も**「あれ？　栓閉じたっけ？　帰る時刻に自動でお湯がたまるように設定したけれど、だだ漏れかも？」**と気になって集中できませんものね。

違う違う！　全く違う！……のだけど、**実は半分合っています。そう、「だだ漏れ」を止める必要があるんです。**

（半分合っているんだ……？）

というのは、**「バスタブ理論」**という結構有名な理論があって、聞いたことがあるかもしれませんが、簡単に言うと、「バスタブの栓を閉めてだだ漏れを止めないと、お湯はたまらない」ということなんです。

やっぱりお風呂の話なんですか……。

いえいえ、ここでいう**バスタブは「お店」、お湯は「お客さま」、バスタブの栓は「失客防止対策」**です。お店にお客さまをためようと、じゃんじゃん集客しても、失客を防ぐ手立てをしていなければ、じゃんじゃん失客して、結局お店は空っぽになる、ということなんです。

つまり、失客を防ぐことが先決、ということですね。

ええ。そして、失客を防ぐことは、実は４日目の冒頭で考えた「客数の増やし方」の一つ、**「来店サイクルを縮める」ことはほぼ同じ**なんです。

問1

「失客を防ぐ」取り組みと、「来店サイクルを縮める・来店頻度を高める」取り組みとは、お客さまに必ず「あること」をしてもらう必要があるという点で同じです。この「あること」とは何でしょうか？

ヒントは、どちらも既存客に対する取り組みだということです。

答：

必ず［　　　　　］してもらう。

……何だろう？

既存客ということだから、**「連絡先を書いてもらう」**でしょうか？　で、「あのお客さま、このごろ来ないな」と気付いたときに連絡すれば失客防止ですし、通常の来店サイクルよりもちょっと早いタイミングで「そろそろ来ませんか？」って誘いをかけたなら来店サイクル短縮になりますものね。

おっ、７割正解ってところでしょうか？

残念、ちょっと違いましたか……。

正解は、**「必ず次回も来店してもらう」**です。そもそも、**次に来店してもらえなかったら、来店サイクル短縮も何もあったもんじゃない**ですものね。アイコさんが答えたように、連絡して来店を促進するというのも「次回も来店してもらう」方法の一つなので、大きく間違ってはいませんよ。

なるほど！　ただ、必ず次回も来店してもらうための取り組みは、失客を防ぐという意味では確かにその通りだと思うんですが、来店サイクル短縮とはどうつながるんですか？

はい、なぜ来店サイクル短縮の効果があるのかは、おいおい分かってくると思うので、ここではあえて説明しません。楽しみにしていてください。……で、実は**失客防止の取り組みは、ここまでドリルを進めてきていれば、すでに半分終わっています。**

えっ！！？

というのは、３日目まででですでにメニューを洗練させていますし、４日目には「来ない理由」をつぶしましたよね。お客さまは現状、**あなたのサロンを「行きたいサロン」だと感じています。**あとは、**「行きたいサロン」を「必ず行くサロン」にすればいいだけ**です。では問題。「必ず行くサロン」にする取り組みとは何だと思いますか？　答えは２つあります。

問2

「必ず行くサロン」にするための、2つの取り組みとは何でしょうか？　ヒントを出さなくても、きっとあなたなら分かると思います。

答：

・お客さまの□□□化。（カタカナ3文字）

・□□□□。（漢字4文字）

「**お客さまのファン化**」と「**次回予約**」ですね。

大正解！　お客さまにサロンのファンになってもらうことと、次回予約を積極的に取ることが、リピート率を高め、来店サイクルを縮める急所なんです。逆に、こうしたことに取り組まなければ、お客さまはどんどん離脱していきます。

う……何というか、身に覚えが……。

僕も昔はそうでした……。**お客さまって、あんなに簡単に離れていくものなんだな、と。**「お客さまのファン化」と「次回予約」は、サロンとお客さまを結び付ける**「接着剤」**。接着

剤なしに「黒字経営」という完成形をつくろうとしても、崩れてしまいます。ですから、5日目は、これらを順番に考えていくことにしましょう。

まずはファン化に取り組もう

「ファン化」とはよく聞きますが、具体的にはどういうことをすればいいんでしょうか？

そのポイントは、**「特別扱い」**と**「接触頻度アップ」**です。

特別扱い……？

接触頻度アップ……？

ええ、まず「特別扱い」ですが、これは言葉の通り、**「あなたは大切なお客さまです」と実感してもらえるような扱いをする**ということです。例えば、誕生日プレゼントを贈るなんていうのも、そうですね。お客さまは、「私はこのサロンに特別扱いされている」と感じれば居心地が良くなる上、「特別扱いされるにふさわしい自分にならなくては」という心理も働くので、「必ず行こう」という動機になります。

確かに、そうですね。

「接触頻度アップ」は、ザイアンスという人が提唱した「単純接触効果」に基づくもので、その要点は、**「接点を持つ回数が増えるほど、相手への好感度が上がる」**ということです。このときの「接点」は、直接会う必要はありません。例えばテレビのCMなんかも、直接人や商品と触れるわけではありませんが、「情報に触れる」という意味で接触回数に数えられます。

どんな方法でも、お客さまへ繰り返し連絡を取ることによって、サロンへの好感度が上がり、ファンになってもらいやすくなります。……あ、もちろん、相手に不快感を与えるような「接触」はNGですよ。

何度も情報に触れていると、不思議と親しみが湧きますものね。

ファン化のポイントである「特別扱い」も「接触頻度アップ」も、いろいろな方策があるので、「○○をしましょう」とはなかなか言えないのですが、あなたならどんな方策を思い付くか、ここで考えてみましょう。

問3

お客さまをファン化するために行なう「特別扱い」と「接触頻度アップ」、どんな方法があるでしょうか？それぞれ、無料（または100円程度まで）でできることを5個と、数百円以上かかるのものを5個、計10個書き出してください。

答：

【特別扱い】

無料（または100円程度まで）のもの

1

2

3

4

5

有料のもの

1

2

3

4

5

【接触頻度アップ】

無料(または100円程度まで)のもの

1

2

3

4

5

有料のもの

1

2

3

4

5

合計20個となると、なかなか大変ですね。

「特別扱い」は、お金をかければいくらでもできますが、無料は難しい！　ヒントをください！！

例えば「他の方は次回予約までしか受け付けませんが、あなたは次々回の予約まで入れてもらってOKです」などと話す方法がありますね。「新メニューができたら、他の方に先駆けて、いち早くご案内します」なんてのは、**無料どころかお金を払ってもらうのに特別扱いできます。**

なんてズ……うまい方法なんでしょう！

(今、ズルいって言いそうになっただろ……)

接触頻度アップは、何か目安がありますか？　例えば、毎日接触すべし、とか。

いい質問です！　FacebookやInstagramでフォロワーになってもらい、毎日投稿して接触……というのは理想的ですが、労力的になかなか大変ですし、お客さまがそのSNSをやってい

なければ、接触できません。サロンの場合、お客さまが他のサロンの情報に触れまくったせいで「浮気」する、というケースはそう多くないので、既存客に対しては、まず**「今よりも接触回数を増やす」**ことから始めてください。

来店サイクル短縮のためにも次回予約を導入しよう

次は「次回予約」。ここでは、お客さまがお店を出る前までに、次回の来店予約を入れることと定義します。で、**次回予約はお客さまにも大きなメリットがある**のですが、まずはこの点を確認しましょう。

いきなり問題ですね。

問4

次回予約を入れることによる、お客さまのメリットを3つ以上挙げてください。

答：

1

2

3

4

5

コウジさん、どうですか？

えー と……、**「適切な来店間隔を保てるから、『スタイルが崩れてみっともない』という期間がなくなる」**のと、**「予約を取ろうとしたら『予約で満席です』と断られることがなくなる」**というのはメリットですよね。

希望日が満席だと、サロンが空いている別の日に予約を入れなくてはなりませんけれど、そうすると、逆に他のスケジュールをずらす必要が出ますよね。**「次回予約をしておくと、逆に他のスケジュールを立てやすい」**というのもメリットです。あ、**「わざわざ電話やネットで予約しなくてもいい」**なんていうのも。

よくできました！ あとは、次回予約に特典を設けているサロンなら、その特典を得ることができますし、次回予約時に予約枠だけでなくメニューも決めるサロンならば、美容師側も「次はこんなヘアスタイルにしよう」という予習がしやすくなるので、お客さまにとっては、短時間で、想像以上にすてきなヘアスタイルを提供してもらえる、というのもメリットでしょう。他にもまだまだあると思います。

とはいえ、サロン側のメリットも大きいんですよね。

ええ、列挙すれば何個も出てきますが、今回は「来店サイクルを縮める」ということのみに絞って考えていきますね。

そもそも、何で次回予約を取ると、来店サイクル短縮に効果があるんですか？

それは簡単です。これも考えてもらいましょう。

問5

次回予約を取ると、なぜ来店サイクルが縮まるのでしょうか？　以下の文章に文字を当てはめてください。なお、［　　］には同じ言葉が入ります。

答：

［　　］すべきタイミングと、［　　］するタイミングが同時になるから。

「予約」ですか？

残念、違います。

では、**「来店」**でしょうか？

正解です！　次回予約をしていない場合、お客さまは、ヘアスタイルが崩れはじめて、「そろそろサロンに行かなくちゃ」って思ったタイミング……つまり来店すべきタイミングで予約を入れようとしますよね。でも、当日は受け付けてくれない、翌日はお店が満席、翌々日は自分に予定が入っている、さらに翌日からはずっと仕事……となると、**平気で１週間は来店できる日が遅れてしまいます。**

なるほど、ヘアスタイルが持つぎりぎりのタイミングを見越して次回予約が入っていれば、「来店すべきタイミング」と「来店するタイミング」が同時になるから、来店サイクルが縮まるわけですね。

そうです。「ファン化」も実は似た部分があって、お客さま心理として、「そろそろサロンへ行くタイミングかな」と感じたとき、そのサロンのファンなら、「早めに」「優先して」行こうと考えます。一方、ファンというほどではない場合は、「いつでもいいか」「他の予定を優先していいか」と後回しにしてしまいがちです。なので、ファン化することも、来店サイクル短縮に効果があるんです。

それで､失客防止と来店サイクル短縮は共通しているんですね。

はい。大事なのは､**最初は「失客防止」と「来店サイクル短縮」を別々に考えないこと。**細かく言えば、失客防止と、来店サイクル短縮とでは、異なる部分もあります。コウジさん、例えば、来店サイクル短縮に特化した取り組みって考えたら、どんなものがありますか？

友人のサロンでは、「○日以内に来店したお客さまには特典あり」なんていうことをやっています。あれなんかは、来店サイクル短縮のためですね。

そうですね。でも、取りあえずそういうのは後回しにして、失客防止と来店サイクル短縮を一緒くたにできるところからスタートさせればいいんです。取り組むことはなるべく少なくして、その分、1つの取り組みに注力していった方が、成果は上がります。

ただ、私、次回予約を取るのが苦手で……。

僕も……。

アイコさん、コウジさん。**「自分が苦手だから次回予約を導入しない」というのは、経営者として違うと思います。**そういうのって、スタッフのためにも、そしてお客さまのためにもなっていませんよね。

す、すみません……。

僕も……。

いえ、でも仕方がないと思います。いきなり「明日からみんなで次回予約を取ろう」と決めたとしても、絶対にうまくいかないし、スタッフも付いてきません。ですが、**「次回予約を取る3つのコツ」**があるので、伝授しますね。

教えてください！

一気にいきます。**「来店動機と来店周期を把握すること」「次回予約を入れる必要性・重要性を伝えること」「会計時に次回の予約を取ること」**の3つです。

（本当に一気にまくし立てた……！）す、すみません、細かく解説をお願いします！

まず1つ目。お客さまによって、「根元のプリンが気になってきたら」とか「ヘアカラーの色味が落ちてきたら」「髪が伸びてまとめづらくなってきたら」……など、**いろんな来店動機があり、適切な来店周期もそれぞれです。**なので、その人の来店動機に合った次回来店日を提示することが大事ですね。また、こういった動機を把握することで、そのお客さまと課題点を共有し、共通の解決策を導きやすくなるというメリットもあります。

2つ目は？

例えば、営業職の男性にとって、仕事上、何が重要でしょう？

うーん、清潔感があって、スッキリした爽やかな感じが出ているといいですかね。

ご名答。そこで**「清潔感をキープするには定期的なカットが必要ですよね」という必要性**をお伝えすれば、次回予約をすすめやすくなります。

確かに！　もしかして、この説明も10秒以内で？

アイコさん、その通り！　あくまで一例ですが、「忙しいと髪を整えるのも後回しになりがちですよね。清潔感を保つために、来店日を決めておくといいですよ」なんて感じで説明すればいいでしょう。

では、３つ目は？

もちろん、次回予約は来店中ならどのタイミングで受けてもいいのですが、会計のタイミングは、ヘアスタイルが仕上がったばかりで満足度が高いため、「次の来店日は○月×日ごろがおすすめです」と言われたら、**「○月×日にまたすてきなヘアスタイルにしてもらえる」というプラスの想像力が働きやすい**んです。決済のやりとりをするので、**次回来店日を記したカードなども自然に財布へ収まる**のも利点です。そして、**スタッフを雇用しているサロンならば、とりわけ「会計時」と決めることをおすすめしたい**んです。

え、なぜですか？

「会計のタイミングで次回予約をおすすめする」と決めておかないと、会計どころか、どのタイミングでもおすすめ

しなくなるからです。夏休みの宿題みたいなものですね。「夏休みが終わるまでに宿題を終わらせればいい」と思っていると、いつまでたっても宿題に取り掛からず、最終日に友だちや親きょうだいに泣きつくか、宿題をやらないまま2学期を迎えて先生に怒られるというね。

懐かしいなあ。友人の話ですけれどね、夏休みの宿題を全くやらなくて、2学期の頭から先生に何度も怒られたあげく、「いつ宿題を持ってくるんだ」と聞かれたとき、ぼ……友人は、先生の真意が「早く持ってこい」にあると気付かず、「いつ持っていけるか」を真剣に考えて、**「そうですね……、ちょっと当分やる気が起きないので、早くて1年後ぐらいでしょうか」って真顔で答えて思いっきりぶん殴られていましたよ。アハハ、アハハ。**

(そのエピソード、絶対コウジさん自身のだろ……)

……で、**経営者として大事なことは、「会計時、お客さま全員に次回予約をおすすめする」のように、「いつ、どこで、誰に、何をするか」を決めること。**というのは、**経営者は「決定する」のが大事な仕事**だからです。しっかり決定できるようになると、来店サイクル短縮だけでなく、どんな取り組みでも成果が変わってきます。

はい！

「接着剤」の効果はおいくら？

では、「ファン化」と「次回予約」によって売上がどれくらい変わるかを試算してみましょう。まず、年6回来店し、毎回1万円を支払う顧客を200人持っており、その再来率は、何の取り組みもしない場合は97%としましょうか。この場合、1年間でどのように顧客が推移し、売上はいくらになるでしょうか？

む、難しい……！

そう、ちょっと計算が難しいんです。なので、顧客がどう減っていくのかは、僕の方で出してしまいます。何の取り組みもしない場合は、200人→194人→188人→182人→177人→172人と推移します。

ずいぶん減るんですね！！

ええ、減るんです。ここまで来れば、顧客から得られる年間売上は計算できますね。

問6

何も取り組みをしない場合の来店顧客数

(［　　］人＋［　　］人＋［　　］人＋［　　］人＋［　　］人＋［　　］人)×客単価［　］万円＝［　　　］万円

（200人＋194人＋188人＋182人＋177人＋172人）×1万円＝1113万円。

ご名答！　では、失客防止の成果が上がった場合はどうなるでしょうか？　再来率は、99％に上がるとします。それだけではありません。ファン化すると、客単価が上がります。これは1,000円上がるとしましょう。そして、ファン化と次回予約によって、来店サイクルが8日間短縮されると、年間来店回数は約7回になります。

え、来店回数も増えるんですか？

ええ。これも僕が計算してみましょう。**年間来店回数が6回ということは、来店サイクルは365日÷6回＝61日。**ここから8日間短縮されると、61－8＝53日。**365日÷53日＝6.9回。**だいたい7回になるんです。

すみません、また顧客の推移を出してもらっていいですか？

もちろんです。200人→198人→196人→194人→192人→190人→188人と推移します。これだけ条件がそろえば、後はまた計算するだけです。

✂ 問7

失客防止の取り組みをした場合の来店顧客数

（□人＋□人＋□人＋□人＋□人＋□人＋□人）×客単価□万円＝□万円

（200人＋198人＋196人＋194人＋192人＋190人＋188人）×1.1万円＝1494万円。**400万円近くも違うんですね！**

そうなんです！　で、例によって、この優位性が2年間保てるとすると、詳しい計算は省きますが、何も取り組みをしない場合、2年後に残る顧客は143人、延べの来店客数は2,041人で、顧客から得られる売上は2041万円となります。一方、**失客防止の取り組みをした場合、2年後に残る顧客は176人、延べの来店客数は2,618人で、顧客から得られる売上は2880万円となります。**

その差800万円以上……！

はい。だからこそ、サロンを経営する上では、ファン化と次回予約という、「800万円の接着剤」をぜひツールとして活用してほしいと思います！

5日目 まとめ

僕は1ヵ月に1回、少なくとも2ヵ月に1回は歯科へ行き、歯のメンテナンスと検査をしてもらっています。で、お会計のときに、必ず受付の人が、こう言うんです。

「次のお手入れ時期について、先生は2ヵ月後と言っていますが、予約どうしますか？」

僕も反射的に「お願いします！」と答え、必ず予約を取って帰っています。

さて、ご存じの通り、歯科での「次回予約のおすすめ」は、ほとんどの歯科医が、当たり前のように行なっています。何も僕の通っている歯科が特殊な取り組みをしているわけではありません。

これを患者の側から考えると、「自分の歯の状態を把握してもらっていて（信頼できて）」「『次回はいつにしましょうか？』と聞かれるのが当たり前」と思っているから、当たり前のように次回予約を入れています。

一方、サロンでも、お客さまの目線で考えると、「自分の髪の状態を把握してもらっていて（信頼できて）」「『次回はいつにしましょうか？』と聞かれるのが当たり前」なら、当たり前のように次回予約も入れるのではないか、と思うのです。

歯科医と美容師、条件はほとんど変わりません。歯科医にできて、美容師にできないことはありません。ただ、次回予約提案を当たり前にするかどうかだけの違いなのです。

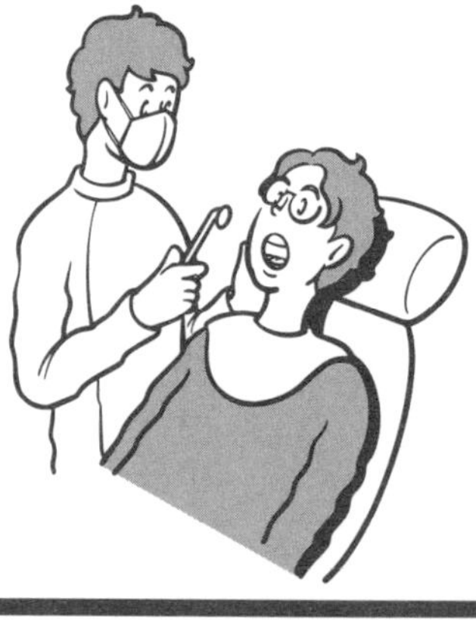

6日目

20年モノの「巨大魚」を釣り上げよう

ただやみくもに宣伝するだけでは、
サロンのターゲットに合致する新規客は獲得できません。
「どこへ、どんなアクションを起こすべきか」を
しっかり考えていきましょう。

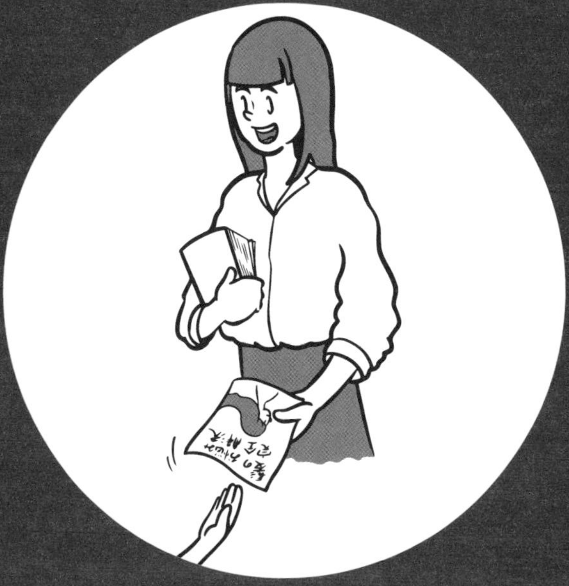

新規集客はもう難しくない？

ついに6日目！　ここまできました！　サロンをどう経営し、運営したらいいのか、深く理解できた気がします。**もっと学んでいきたいですね。**

残るは、後回しにしていた新規集客ですね。難しいということですが、**今ならどんなことでも吸収できる気がします！**

ええ……そうですね……。はぁーあ……。

テンション低っ！！

お二人がどんどん学んで経営を改善していることも、勉強意欲が高いこともうれしいんですよ。教えがいもありますし。でも、実を言うと、ここまで来ればもう、**新規集客って全く難しいことじゃない**んですよ。

え……、だ、だましたのね！　私を！　私たちを！！

どういうことなんですか？　さんざん「新規集客は難しい」と言ってきたのに。

いえ、新規にお客さまを集めること自体が難しいのは確かです。また、いきなり新規集客に取り組んでも効果が上がらないのも事実。ただ、**ここまで学んでくれば、新規集客のために、経営者として新しく学ぶべきことや考えるべきことって、ほんのわずか**なんです。

そうなんですか？？

はい。なぜ「全く難しいことじゃないのか」を示しますね。

これまでに学び、身に付けた内容のおさらいと、「もし、これを身に付けずに新規集客をした場合はどうなるか?」

【1日目・2日目】

サロンに眠る強みに気付き、新しい価値をつくり、その強み・価値が必要なターゲットが誰かを明確にする

→これを身に付けずに新規集客をした場合、誰をターゲットにすべきかが分からないため、費用対効果が悪く、多大な費用がかかる。

【3日目】

ターゲットに刺さる「フロントエンド商品」と「バックエンド商品」を用意し、1人のターゲットから十分な利益を上げる

→これを身に付けずに新規集客をした場合、同程度の利益を得るには、より多くのお客さまを集める必要があるため、多大な費用がかかる。

【4日目】休眠客を獲得して顧客を増やす

→これを身に付けずに新規集客をした場合、休眠客を獲得しない分の集客が必要となるため、多大な費用がかかる。

【4日目・5日目】「サロンに来ない理由」をつぶし、失客を防止する

→これを身に付けずに新規集客をした場合、せっかく集客してもどんどん失客し、顧客として定着しないため、費用対効果が悪く、多大な費用がかかる。

ね？　矢印以下のような状況だったら新規集客も大変なのですが、こうしたことはもう全て身に付けているので、説明することって、もうほんの少ししか残っていないんです。**というか、失客もしない、客単価も上がる、来店サイクルも縮まる……という状況で新規集客なんて必要ないでしょう！？**

集客の方法って、コンサルタントにとっては**「こんなやり方で何と！　1,000人集客できました！！」**とかドヤ顔で言**う一番の見せ場**、歌で言えばサビ、『ドラ○ンボール』なら**「ク○○ンのことか――――！！！！！」**って孫○空がキレるところなのに、何の盛り上がりもない。あーあ、こんなにがっつりしっかり教えるんじゃなかった……。

（そこ、後悔するところ……？）

とはいえ、確かにほんのわずかだけ、新規集客について学ぶことがあるのは事実なので、そのことを勉強していきましょう！

（やっとテンションが上がってきたのかな？）

釣果を上げるために必要なことは、あと１個だけ

新規集客って、一種の**「釣り」**なんです。で、お魚を釣るために必要な要素は、**「釣り人」「釣られるお魚さん」「えさや釣り具」「（海や川、釣り堀などの）漁場」の４つ**なのですが、新規集客に当てはめると、それぞれ何に相当するか、分かりますか？

✂ 問1

新規集客を釣りに例えた場合、釣りの要素は新規集客の何に相当するでしょうか？

答：

・釣り人　→

・お魚　→

・えさや釣り具　→

・漁場　→

分かりました。**釣り人は「経営者」、お魚は「お客さま」、えさや釣り具は「サロンの強み」または「サロンの強みを伝えること」、漁場は「宣伝媒体」でしょう？**

なるほど！

正解です。……で、「新規集客が難しい」と音を上げる理由っていうのは、釣り人である経営者が、自分の持っているえさ、つまり強みも把握していなければ、そのえさで釣れるターゲットのお魚も分からないし、どの漁場になら釣れるターゲットがいるかも理解していないから。そもそも、釣り人である経営者自体が、どのお魚を釣りたいかもあやふやなんてこともよく見かけます。**タイを釣るべきなのに、タコツボを川に放り込んで、「いやー、なかなかタイが入ってくれないなあ。それにしても入漁券の高いこと！」とかぐちを言っている**

のって、端的に言ってポンコツですよね。

（何か怒ってる……）

話を戻すと、ここまで経営ドリルを進めてきていれば、「釣り人」は、自分の持っているえさや釣り具でどんなお魚が釣れるかを理解できていますし、どのお魚を釣るかも決めています。ということは、残されているのは……、

「漁場」ですね！

そうです！　なので６日目は、「どんな漁場を選び、どんな釣り方をしたらいいか」について考えていきたいと思います。

宣伝媒体と宣伝方法、つまりプロモーション活動ですね。釣りと新規集客がつながりました！

で、どんなプロモーションをすればいいか、ですが、最初にするべきは**「数える」**ことです。

数える？？　何を？？

はい、数えるものは、**「これまでに、どんな宣伝媒体や情報発信媒体を使ったことがあるか」**です。さっそく数えてみましょう！

問2

これまでに使ったことのある宣伝媒体や情報発信媒体にチェックを入れ、チェックの個数を数えてください。

答:

□ポスティング　□新聞折り込み

□道路やファサード前に置く看板(黒板)

□一般売り雑誌　□無料情報誌

□紹介依頼カード　□バス内広告

□駅舎広告　□列車内広告

□ビル看板広告　□電柱広告

□有料講座・イベント　□無料講座・イベント

□のぼり旗　□チラシハンティング

□自社ウェブサイト　□メルマガ　□ブログ

□Facebook　□Twitter　□Instagram

□LINE@　□その他SNSサービス

□エキテン　□ビューティーナビ

□ポンパレ　□HOT PEPPER Beauty

□Googleプレイス　□Yahoo!ロコ

□その他美容室系口コミサイト

□その他(　　　　　　　　　　)

□その他(　　　　　　　　　　)

□その他(　　　　　　　　　　)

合計 □ 個

さあ、いくつありましたか？

やめてしまったものも入れていいんですよね？　それでも12個でした。

私は8個ですね。

二人ともそこそこ取り組んでいるんですね。これは、**「今までに新規集客のためにチャレンジしたことがある『漁場』の数と種類をおさらいする」**という目的で、チェックしてもらいました。こうやって思い返してみると、「こんな媒体にも出稿したっけな」とか「この媒体はまだ試したことがないな」という再確認と情報整理ができます。

そうですね。確かに、「あ、これ、検討したことあったけれど、結局やらなかったな」というものがいくつも出てきました。

私もです！

では、これをもとに、もう少し深掘りしてみましょう。

問3

これまでに使ったことのある宣伝媒体や情報発信媒体のうち、新規集客に最も効果のあった媒体から上位5つを記入してください。5つもなければ、あるだけで大丈夫です。

答：

1

2

3

4

5

「最も効果があった媒体」というのは、どういう基準で選んだらいいんですか？　単純に、集客数が多かった媒体から記入すればOK？

はい、いい質問です。本来ならば「費用対効果」とか「時間効率」なども考慮するとより良いのですが、ここでは肌感覚で「効果があった」と感じたものを挙げればOKです。

え、そんな大ざっぱでいいんですか？

いいんです。というのは、**今知りたいのは、「どの漁場が最も釣れるか」ではなく、「どの漁場が有望そうか」**だからです。というのは、やみくもに宣伝・発信していた当時は、必ずしも効果的な「釣り」をしておらず、本当のところの費用対効果や時間効率はどうせ分からないからです。とはいえ、脈のある漁場なら、「そこそこ効果は感じた」という感想を持つものですし、全く脈のない漁場なら、「全く効果がなかった」と感じるので、十分にふるい分けができます。

あー、なるほど！

「お魚」の気持ちになろう！

次に、「どんな釣り方をするか」……つまり、サロンの強みやポジションをどう「お魚」に伝えるかですが、これは**「釣り方」を最初に考えたら失敗します！**

そ、そうなんですか？？

だって、どんな仕掛けならお魚が興味を示すかなんてこと、その魚しか分からないじゃないですか。なので、**「お魚の気持ち」になる**ことが重要なんです。そこで、次の問いに答えてみてください。

問4

あなたのサロンにとっての「お魚」である、ターゲットのお客さまは、どのようなきっかけの連続であなたのサロンに来店したのでしょうか？　「お魚」の気持ちになって、Q1から考えてみてください。

答：

Q1　あなたのサロンに初めて来店した感想は？

A1　私のためのサロン。また来たい！

↑

Q2　あなたのサロンに来店すると決めたきっかけは？

A2

↑

Q3　「あなたのサロンに行く」ということが選択肢に入ったきっかけは？

A3

↑

Q4　あなたのお店を見つけたきっかけは？

A4

↑

Q5　あなたのお店が掲載された媒体（広告）を見たきっかけは？

A5

↑

Q6　今まで行っていた美容室を変えようと思ったきっかけは？

A6

↑

Q7　美容室に行こうと思ったきっかけは？

A7

……？　これ、Q&Aの順番が逆じゃないですか？

いい着眼点ですね。でも、実は**この順番が大事**なんですよ。

それはどういうことでしょう？

というのは、実際にサロンへ来店し、気に入り、リピートしてくださるお客さま、つまりA1で「また来たい」と思ってくださる「ターゲットのお客さま」が、Q2～7のポイントでそれぞれ、

A2：来店という行動を起こす理由

A3：サロンへ行きたくなる理由

A4：サロンを知り、興味を持つ理由

A5：サロンが掲載された（発信した）媒体を見る理由
A6：別のサロンに行こうと思う理由
A7：サロンへ行く理由
……と、どういう理由を持つのか、「そのターゲットについてだけ」ピンポイントでつかみたいからです。これを例えば、A7の**「人はどうしてサロンへ行くのだろうか？」「その『サロンへ行く』という人々の根源的な欲求に訴える広告を打とう」**なんてところから考えたら、**「そんなもん知るかぁっ！」**となりますよね。

だから逆算して考えていくんですね。

ええ。A4とA5が「釣り針」、つまり新規集客のフックとなるキモですが、それはあくまで「お魚の気持ち」、A1から逆算して見えてくるものなのです。

A4が「ターゲットに刺さる内容でサロンを伝える」、A5が「ターゲットに伝わりやすい媒体を選ぶ」ということですね。

その通りです！

ターゲットのお客さまの気持ちになって考えるのか……。難しいなあ。

コウジさん、難しくないですよ。だって、あなたのサロンにはすでにそのターゲットがいるのですから。

あ……既存のお客さま。

そうです。1日目と同じように、今いるお客さまに尋ねてみてもいいんです。

「食いつく」仕掛けをまこう

では､新規集客もそろそろ総仕上げです。アイコさんが先ほど、ポイントは「ターゲットに刺さる内容でサロンを伝える」ことと、「ターゲットに伝わりやすい媒体を選ぶ」ことだと挙げてくれましたが、まず、「ターゲットに刺さる内容」については、繰り返しますが、ここまでドリルを解いてきたあなたのサロンならば、もうほとんど完成しています。

それは3日目まででしっかり考えているから、ということですね。

その通りです。ターゲットに提供できる価値も最強なら、その説明も最強。無敵ですね……と、これで説明を終わらせてもいいのですが、まだ話していない、**ターゲットの反応率を上げるためのコツ**があるんですよ。

知りたい！　どんなものですか？

では、次の問いを考えてみてください。

問5

以下の文章は、根本的には同じことを言っているのですが、AとB、どちらがよりターゲットに刺さりやすいでしょうか？

答：（丸をつけてください）

A　「毎日お手入れをすることで若さを保てます」

B　「1日お手入れをサボるごとに老けていきます」

Bの方かな。早くお手入れしなくちゃ、と思ってしまいます。

僕もBですね。

そうですよね。AとBを比較すると、Bの方がより「このままではまずい、早く何とかしなくては」という感情が喚起されると思います。これって、なぜかというと、Bには**「恐怖」**と**「緊急性」**のメッセージが強く打ち出されているからです。

恐怖と緊急性？

はい。先ほどの問いで言うと、Bは「老けたくない」という恐怖心に訴えた上で、その解決策も「1日でもお手入れをサボってはいけない（今すぐお手入れを）」と、緊急性を前面に出していますよね。なので、Bの方が刺さりやすいんです。

それでなんかドキッとしたのか……。

さらに、このメッセージに例えば**「あと２セットしかありません。再入荷は未定です」**などと**「希少性や欲求不満」**に訴える言葉を加えると、メッセージはさらに強くなります。

「恐怖、緊急性、希少性や欲求不満」ですね。

はい。この３点セットは本当に効果が強いんです。その端的な例が「買い占めによる品薄」「品薄による買い占め」の悪循環によるパニック買いですよね。そういうとき、決まってトイレットペーパーが標的になります。

トイレットペーパーって、「もし切れたら、トイレどうしよう……」という強い恐怖心をあおりやすいから、「今すぐ買わないとまずい」という緊急性にも訴えるし、さらには、普段なら山積みされているから、「今行ってみたらなかった」となると、その落差が希少性や欲求不満にも働き掛けてしまうわけですね。

そうなんです。話を戻すと、とりわけ新規集客においては、ターゲットはまだこちらのサロンのことを知らないのですから、こういった強いメッセージを仕込んで、目線を引き付けるテクニックも経営者として覚えておくといいと思います。

はい！

そして「漁場選び」。この原則は、**「たくさんの『漁場』とたくさんの『えさ』を組み合わせて少しずつテストすること」**です。

それはどういうことですか？

そうですね……、問３で、効果のあった５つの宣伝媒体や情報発信媒体を挙げましたが、これが「漁場候補」でしたね。これらの全てに「えさ候補」、例えば、問５で挙げたAB2つのメッセージをテストで発信してみるとします。すると、「ポスティングチラシにBのメッセージを載せたら反応が良かった」とか「Aのメッセージをブログにアップしたら好評だった」などと、効果の高い「漁場」と「えさ」の組み合わせが判明しますよね。そうしたら、今度はその組み合わせだけに集中して、お金と労力を投資していくんです。これは**「多変量テスト」**という手法です。

多変量テスト！　新しい言葉を覚えました。でも、やることは単純なんですね。

最後になりますが、せっかく望みの新規客を獲得したとしても、施術して、お帰ししただけでは、再来を確約できたとはいえません。５日目で学んだ通り、**接触回数を増やすことで、より好感を持ってもらいやすくなります。**「来店してくれてありがとう」の思いを込めたはがきや、「その後ヘアスタイルに気になることはありませんか？」という気遣いのメッセージを送ることで、新規再来率は飛躍的に上がっていきます。

分かりました！　すぐに取り組んでいきます！

6日目 まとめ

6日目は新規集客と宣伝について学びましたが、言うまでもなく、新規集客の目的は、「新規客を獲得すること」ではありません。
「えっ？」と思った方は、もう一度6日目の扉を見直してみてください。……そう、20年モノの「巨大魚」、顧客を獲得することが目的です。
では、20年も通う顧客は、なぜ20年も通ってくれるのか。それは「最初に見たサロンの情報が興味深かったから」ではありません。これも言うまでもないことですが、「20年間受け続けている施術やサービスが素晴らしいから」に他なりません。
ならば、どんな施術やサービスを素晴らしいと思うのでしょうか。……これは、そのお客さまの感じ方次第ではあるのですが、確実に言えるのは、お客さまの判断基準は、お客さまがこれまでにサロンで体験してきたことがベースとなっている、ということです。
差別化については、本書のドリルを実践することで実現できるものと思いますが、もう一つ加えるならば、ぜひ他業種のサービスに学び、そのいいとこ取りをしてほしいのです。お客さまの「サロンに行く」という心構えと「これまでにサロンではこんな経験をしてきた」という判断基準を裏切って、さらに感動を与えるようなサービスは、サロンの外にあるものです。言ってみれば、「サロンの内側」に顧客を囲うヒントは、「サロンの外側」にあるのです。

7日目

「1週間の成果」を確認しよう

これまで学んできた成果が
本当にサロンに生かせているか、
それを知るための物差しを手に入れて、
赤字経営から完全に脱却しましょう。

黒字化のために気にしてはいけないのは「黒字化」！？

赤字脱出のため、サロンの価値向上と客数アップについてがっつり勉強してきましたが、今日で最終日ですね。どんなことを勉強するのでしょうか？　求人とか？

あと１日ですものね……、設備投資や２店舗目出店でしょうか？

コウジさんもアイコさんも、気が早すぎます！　人材採用や設備投資、新規出店などは、黒字体質が確固たるものになってからでないと失敗しやすい上、失敗したときのダメージも大きくなってしまいます。

では、何を学ぶんですか？

最終日は、**「黒字になる数字のつかみ方」**の勉強をしたいと思います。

数字のつかみ方？　というと、損益計算書とか貸借対照表、キャッシュフロー計算書などでしょうか？　苦手だなあ……。

私も、数字の羅列を見ると、頭が痛くなります……。

赤字か黒字かを見る損益計算書はともかく、貸借対照表やキャッシュフロー計算書は、サロンの財務体質を読み取るものですから、黒字化を目指す上ではまだ参照しなくても大丈夫です。それに、ここでは「現場感覚の延長線上でつかめる数字の動向」について、大事なポイントのみに絞って勉強していくので、数字が苦手でも問題ありません。

（ホッ……）

では、何の数字を見るかですが、まず、誤解を恐れず言うと、**「黒字化」を気にしてはいけません！**

な、何ですと！！？？？

赤字経営から脱出したくて勉強してきたのに、黒字かどうかを気にしたらダメって、どういうことですか？？

いえ、もちろん最後は利益が出たか見る必要があります。ですが、あまりにも売上とか利益とかの数字を気にしすぎると、どうなるかというと……、

こんな顔になります。自分だけでなく、スタッフも、お客さまも！

ど、どういうことですか……？

当然ですよ。「売上が」「利益が」って目でばかりスタッフやお客さまを見てしまうと、スタッフには「もっと売り込め」、お客さまには「もっと買え」という圧がかかって、**店内がギスギスしてきます。こんなサロン、誰にとっても居心地のいいはずがありません。**

黒字化に躍起にならない方がいい、ということですね。

そうです。そこで着目してほしいのは、**新規再来率**と**顧客の失客率**。新規再来率がアップしているなら、プロモーションはうまくいっています。失客率が下がるのは、顧客満足度が上がっている証拠。5日目で話した通り、失客率が下がれば自然と来店サイクルも短縮され、さらに客単価も上がります。

「お客さまがまた来る」ということは、重要な経営指標なんですね。

それとLeafでは、新規の方には初来店から3日以内に、サロンの履歴や美容師としての思いなどを記した手紙を送るのですが、その中に、一緒に「私たちに何かメッセージがあればご返信ください」と書いた返信用紙と、切手を貼った返信用封筒も入れています。**僕はこの返信率も重視します。**わざわざ時間をかけてまで返事をしてくれる人が多いのは、それだけ高い満足度を与えられているという証しだからです。さらに、返信してくださったお客さまは、その後も定着する確率が高いんです。なので、**「誰を優先的に『特別扱い』するか」**という判断基準としても役立ちます。それだけでなく……、

それだけでなく？

手紙をもらったスタッフも、**「私はお客さまに必要とされている」**という自己肯定感を持つことができます。これって、経営者として売上や給与以上に大事なものを渡せているんじゃないかと思っています。

ぜひ、まねしたいと思います！

それでも黒字にならないならば

他に、重視すべき数字ってありますか？

そうですね……、この本で学んだことを実践しても、なお黒字にならないならば、ぜひ考えてほしい数字があります。

それは何ですか？

はい、それはたった1つ、**「あなたは経営者として、スタッフと自分に毎月いくら給与を支払いたいのか？」**。実はこの数字が、赤字脱出のヒントを授けてくれます。

給与ということは、人件費ですね？

はい……と言いたいところですが、厳密に言うと違います。人件費というと、社会保険料や、法人の場合は役員報酬も含まれるからです。このあたりの定義を混乱させたくないので、ここでは人件費という言葉を使わず、「スタッフへ支払いたい給与・手当」＋「自分の取り分：個人事業主なら純利益、法人経営のオーナー経営者なら役員報酬」を、**「人へ支払う額」**という言葉を使って説明していきます。では、さっそく以下の問いに答えてみてください。

問1

スタッフに支払いたい（支払わなくてはいけない）給与の総額と、経営者である自分が取りたい報酬額を合算し、「人へ支払う額」を出してください。

スタッフに毎月支払いたい給与額……　　　　万円

自分が毎月取りたい報酬額……　　　　万円

人へ支払う額……　　　　万円

合計100万円ですね。スタイリストに30万円、アシスタントに20万円。僕は50万円です。

私は、自分に40万円、アシスタントに20万円で、合計60万円です。

経営者やオーナーは、経営がうまくいかなかった場合にさまざまな負債を引き受けるリスクを背負っているので、もっともらってもいいと思いますが、お店が黒字になるかならないかと悩んでいる段階ならば、まずはこれくらいの目標が妥当かもしれません。……で、次は、**「人に支払う額」を確保した上で黒字化も達成するためには、いくら売り上げなくてはいけないか**を考えていきます。

売上高をもとに、人へ支払う額を決めるのではなく、人へ支払う額をもとに、必要な売上高を逆算するんですね。

なるほど。でも、「人へ支払う額」を確保するには、だいたいどれくらいの売上高が必要なんですか？

いい質問です。先ほど挙げた社会保険料の他、当然、家賃や広告宣伝費、水道光熱費がかかりますね。パーマ剤やヘアカラー剤など、売上を得るために必要な材料費もかかります。また、所得税や法人税、住民税、固定資産税など、各種税金も納めなくてはいけませんね。あと、忘れてはいけないのが借入金の返済です。こうしたもろもろの費用を、ここでは**「もの・ことへ支払う額」**と定義しますが、これらはだいたい「人へ支払う額」の1.5倍です。つまり、**黒字化に必要な売上高は、「人へ支払う額」の2.5倍**となります。これも計算してみてください。あ、ここで計算される売上高は、税抜きの額となります。会計時にお客さまから預かる消費税額は、原則として消費税納税用のお金であり、仕入れにかかる消費税額分を除き、「人・もの・こと」への支払いには回せないからです。

問2

「人へ支払う額」を2.5倍して、「黒字化に必要な売上高」を出してください。

人へ支払う額［　　　　］万円×2.5
＝黒字化に必要な売上高［　　　　］万円

僕は月250万円を売り上げなくてはならないんですね。実際、これまでの月間売上は平均200万円ぐらいなので、僕の取り分がゼロならトントンぐらいに収まるけれど、生活費を考えたら確かに赤字になるわけだ……。

先月の売上がぴったり150万円でした。なるほど、この売上を維持しなくては。

いいですね。このように、黒字化に必要な売上高が分かったら、今度は**「営業時間1時間当たりで、いくら売り上げれば黒字になるか」**を出しましょう。つまり、「黒字化に必要な売上高」÷「1ヵ月の平均営業時間」を計算します。

✂ 問3

「黒字化に必要な売上高」を「1ヵ月の平均営業時間」で割って、「営業時間1時間当たりで、いくら売り上げれば黒字になるか（1時間当たりに必要な売上高）」を計算しましょう。

必要な売上高［　　　　］万円÷1ヵ月の営業時間［　　　　］時間＝黒字化するために必要な1時間当たり売上高［　　　　］円

できました！　僕のサロンの場合は、月平均200時間営業しているので、250万円÷200時間＝1万2,500円の売上が1時間に必要ですね。

私は月170時間ですので、150万円÷170時間＝8,824円です。

では最後に、**「黒字化するために必要なスタッフ１人当たりの時間売上高」**を計算してみましょう。コウジさんのサロンもアイコさんのサロンも、全員フルタイムで勤務していますか？

僕のところでは、１人は家庭の都合で、店休日の他、週１日休んでいます。

ということは、フルタイム勤務と比べて8割ぐらいの勤務ですね。では、コウジさんの場合は2.8人計算でいいと思います。このように、雇用している従業者の人数ではなく、平均してサロンに何人勤務しているかで計算してください。

問4

「黒字化するために必要な1時間当たり売上高」を「平均勤務人数」で割って、「黒字化するために必要なスタッフ1人当たりの時間売上高」を計算しましょう。

黒字化するために必要な1時間当たり売上高［　　　］円÷平均勤務日数［　　］人＝黒字化するために必要なスタッフ1人当たりの時間売上高［　　　］円

僕は4,464円と計算できました。

私は4,412円。不思議とほぼ同じ額になりましたね。……でも、なぜ、「黒字化するために必要な1時間当たり売上高」なんていう細かな数字をわざわざ計算したんですか？

はい、それは、**そもそもメニューの価格設定が間違っていないかを探るため**です。……ところで、**コウジさんのサロンでは、カット料金はいくらで、施術や接客に何時間かけていますか？**

4,000円で、1時間かけていますね。

ということは、もしお客さまをカットだけで帰すと、本当は4,464円の売上が必要なのに、4,000円しかいただけないのですから、**根本的に赤字ですよ。**

あ……、えっ！

もちろん、複数のお客さまを掛け持ち施術するならば4,000円でもいいのですが、規模からすると、基本掛け持ちはしませんよね。コウジさんは多分、独立前のサロンの料金と同じか、少し上げた程度ではないでしょうか？

その通りです！

（私も同じだ……）

でも、前のサロンの料金って、言ってみれば、**前の経営者が、自分のお店が成り立つように設定した、前の経営者のための料金。これでは黒字になるはずがないですよね。**

確かに……。

そこで、現在の料金設定が適切かどうかを確認してみましょう。

問5

あなたのサロン提供でしている各メニューの料金(税抜き)と、そのメニューの施術時間を記入し、1時間当たりに得られる売上高を計算しましょう。「黒字化するために必要な1時間当たり売上高」を下回るメニューがあるならば、価格見直しが必要かもしれません。

注意:
分単位まで小数点に置き換えて計算してください。
参考……10分=0.17時間、15分=0.25時間、
20分=0.33時間、30分=0.5時間、
40分=0.67時間、45分=0.75時間、
50分=0.83時間

カット:

料金［　　　］円÷施術時間［　　］時間
＝1時間当たり売上高［　　　］円

パーマ(全頭):

料金［　　　］円÷施術時間［　　］時間
＝1時間当たり売上高［　　　］円

パーマ（ポイントパーマ）：

料金［　　　］円÷施術時間［　　］時間

＝1時間当たり売上高［　　　］円

ヘアカラー（全頭）：

料金［　　　］円÷施術時間［　　］時間

＝1時間当たり売上高［　　　］円

ヘアカラー（リタッチ）：

料金［　　　］円÷施術時間［　　］時間

＝1時間当たり売上高［　　　］円

ヘッドスパ（フルコース）：

料金［　　　］円÷施術時間［　　］時間

＝1時間当たり売上高［　　　］円

ヘッドスパ（クイックスパ）：

料金［　　　］円÷施術時間［　　］時間

＝1時間当たり売上高［　　　］円

値上げのときも○○を頼ろう

計算してみたら、赤字にはならなくても、利益のほぼ出ない料金設定ばかりでした……。

それならば早急に値上げを検討してください。**料金設定は、経営者が的確に判断すべき、最たるものです。**だって、スタッフは勝手に料金をいじれないのですから。

確かに！

例えばコウジさんがカット料金を6,000円に上げると、仮に失客しなければ売上は1.5倍となり、15%失客しても1.3倍になります。顧客の3分の1を失えばカット売上自体はトントンですが、仕事にゆとりが生まれ、お客さまとも深く接することができるならば、失客率が改善される上、「バックエンド商品」も売りやすくなることから、利益は上がります。

でも、値上げしたら3分の1以上失客するかもしれません。どれくらい失客するかなんて予測できませんよね？

フッフッフッ。コウジさん、それが予測できるんです。しかも、かなり正確に。どうすれば予測できると思います？

問6

料金の値上げを計画するのはいいけれど、やっぱり心配なのは、どれくらい失客するか。でも、「あること」をすれば、かなり正確に予測できます。それは何でしょうか？

答：

えーっ、分かりませんよ。

そうです。分かるわけないですよね。当たり前です。**でも、分からないなら……？**

あっ……！ **「お客さまに直接尋ねてしまう」**？

大正解！ 「今後、カット料金を4,000円から6,000円に上げようかと思っているのですが、値上げしていいですか？」って聞いてしまえばいいんです！ 実際、Leafでカット料金を倍にしたことがあるのですが、尋ねてみたら、3分の2は「全く問題ないよ」とすんなり受け入れてくださり、3分の1は「えっ……」と絶句しました。料金を倍にして失客が3分の1なら、まあいいか、と値上げすると……、

まさか、3分の2ぐらい失客したとか！？

逆です。**20％しか失客しませんでした。**そのからくりは簡単なんです。「全く問題ないよ」と答えたお客さまは、もし値上げ後に行かなくなかったら、結果として自分がうそをつき、相手……僕たち美容師を失望させてしまう。それは嫌なので、来てもらえるんです。逆に絶句した人は、自分が意見を翻して来店することで、相手は喜ぶから、来てくださいます。だから、お客さまに尋ねるのが一番いいんです。

1日目の問1も、答えは「お客さまの声を集める」でしたね。そして、ここでも答えは「お客さまに尋ねる」。

赤字脱出の鍵はお客さまが持っている……！

そうです。**経営判断に迷ったら、お客さまに聞いてください。**きっと導いてくれるはずです。……以上で、7日間のドリルは終了です。きっとあなたのサロンは赤字から脱出できるはず。**あとは実践するだけ。**ぜひ実践してください！

7日目 まとめ

赤字脱出のための経営改善に取り組んでみると、不思議なことに、売上や利益などの数字は、直線的には上がっていきません。急にグッと伸びて小躍りした、その翌月にはガクッと落ちて、「もうダメだ……」と絶望したり。あるいはあなたも、すでにそんな経験をしているかもしれませんね。
経営にはいろんなパラメーターがあり、数字としてよく目立つものもあれば、目立ちづらいものもあります。売上や利益は「目立ちやすい数字」、顧客満足度は「目立ちづらい数字」です。たとえ目立ちやすい数字が落ちたとしても、実は目立ちづらい数字は影で上がっていて、トータルではきちんと自力を蓄えている、ということもよくあるのです。
なので、1つの数字に一喜一憂するのは、経営者としてあまりおすすめしません。途中でも指摘した通り、経営者が数字に振り回されていると、今度は経営者がスタッフやお客さまを振り回しはじめ、それが続けば、経営はどんどん悪化していきます。
これは経営に限らず、人生も、自分が思うより悪くなることもあれば、良くなることもあります。良いと思ったことが後々悪い結果を導いてしまうこともあれば、逆もまたしかり。経営者として、悲観に寄りすぎず、楽観にも寄りすぎず、両方を想定しながら、しっかり経営の土台を築いていきましょう。

おわりに

あなたへ出す問題も、いよいよ最後です。

その問題とは……。

「あなたは、今のままの経営を今後も続けて、本当にいいと思いますか？」

何が言いたいかというと、「常識に縛られてはいけない」ということ。料金、メニュー、働き方……、周囲の常識に合わせていくのが本当に正しいのか？　その答えは、No ではないでしょうか。常識に縛られない、柔軟な発想こそが、本当の経営力だと思うんです。

例えば、「はじめに」でお伝えした通り、Leaf の営業時間は午前9時から午後4時まで。お客さまからもよく「珍しいね」と言われるぐらい、美容室の「普通」から外れたものですが、経営を立て直す前、少しでも売上を伸ばそうと、午前10時から午後9時まで営業していた時代よりも、売上ははるかに高く、約1.5倍になっています。

だから、あなたにもぜひ、「普通を壊しても、売上を伸ばしていく方法とは？」「カットやヘアカラーをしなくてもお客さまがどんどん訪れるお店とは？」といった想像（思考実験）をしてほしい。こういう発想の転換をするくせ付けが、これからも続くであろう、美容室の荒波を乗り越えていくために必要な力だと思います。

……なんて偉そうに言っていますが、僕もまだまだまだまだです。

もう一度言いますね。

「あなたは、今のままの経営を今後も続けて、本当にいいと思いますか？」

これから先、ずっと考えていってほしい問題です。僕もまだ答えを探している途中。一生考え続けていく覚悟です。一生答えの出ない問題だとしても、考えているのと、考えていないのとでは、経営は間違いなく、全く違うものになるからです。

『美容室経営ドリル』の問題を解く中では、考えること、脳みそを使うことが、たくさんあったと思います。この、頭をひねって考えることこそ、経営者の一番の仕事だと、僕は思います。

なので、『美容室経営ドリル』を今後もあなたの手元に置いていただけたら、そして、考え続ける脳みそをつくるお力に少しでもなれたら、とてもうれしいです。

あなたのサロンの繁盛を心よりお祈りしています。

この本を書くに当たり、本当に多くの方々にお世話になりました。

まずは僕に本を出版するきっかけを与えてくれた西尾雄助さん。西尾さんがいなければこの本は実現していないといっても過言ではないでしょう。本当に感謝しています。

次に、いつも支えてくれている家族とLeafスタッフのみんな、リーフを支えてくれる全てのお客さま、昔から一緒に成長してきた、斎藤さん、貴田さん、佐藤さん、関谷さん、金井さん、藤谷さん、石井さん、松橋さん、小倉さん、竹内さん、竹松さん、経営者仲間の皆さま、これからもそれぞれが面白いことを全力でやっていきましょう。

有名でもなんでもない僕の文章を、いつもしっかり時間をつくり読んでくれ、出版というすてきな提案をしてくれた、(株)女性モード社さん、編集者の古田さんと、感謝したい方々はまだまだたくさんいます。

全ての方へのお礼をここで示すのは難しいので、またどこかでお会いしたときに、必ず直接お礼をさせてください。

2020年5月　南 直人

Profile 南 直人

1980年東京都生まれ。ハリウッド美容専門学校卒業。2008年、埼玉県浦和市（現・さいたま市）に美容室Leafを創業。赤字続きの5年間を経験する中で、経営の勉強が必要と実感し、経営論・マーケティング論・販売論などを貪欲に吸収。経営を立て直して、地域有数の繁盛サロンに転換させる。現在、その経験をもとに、美容業の傍ら、美容室経営コンサルタントとしても活躍中。

読者プレゼント

右のQRコードからウェブアンケートへアクセスの上、本書に関するご意見・ご感想などをお寄せください。今後より良い書籍を制作するための参考といたします。ご回答くださった方の中から毎月抽選で3名様に、**「著者・南 直人氏との1時間のマンツーマン経営相談（通常1万円相当）」**をプレゼントいたします。

抽選締切

第1回　2020年6月30日（火）
第2回　2020年7月31日（金）
第3回　2020年8月31日（月）

※当選の発表は小社からの当選告知をもって代えさせていただきます。経営相談の実施は月曜日午後または火曜日、会場は南氏のサロン・Leafを予定しています。会場までの交通費等は当選者様にてご負担ください。当選者様とは後日、日程を調整いたします。なお、ご回答いただいた個人情報やアンケート内容は適切に管理し、企画立案の参考とする他は、小社からの各種案内・告知などのみに使用いたします。

たった7日間で赤字経営から脱出する
美容室経営ドリル

2020年 5月25日　初版発行

著者　南 直人［Leaf］
発行人　阿部達彦
発行所　株式会社女性モード社
http://www.j-mode.co.jp/
本社／107-0062 東京都港区南青山5-15-9-201
tel.03-5962-7087 fax.03-5962-7088
支社／541-0043 大阪府大阪市中央区高麗橋1-5-14-603
tel.06-6222-5129 fax.06-6222-5357

印刷・製本　吉原印刷株式会社
装丁　坂川朱音
本文デザイン　坂川朱音+田中斐子（朱猫堂）
イラスト　岡村亮太